4°Z
LE SENNE
1047

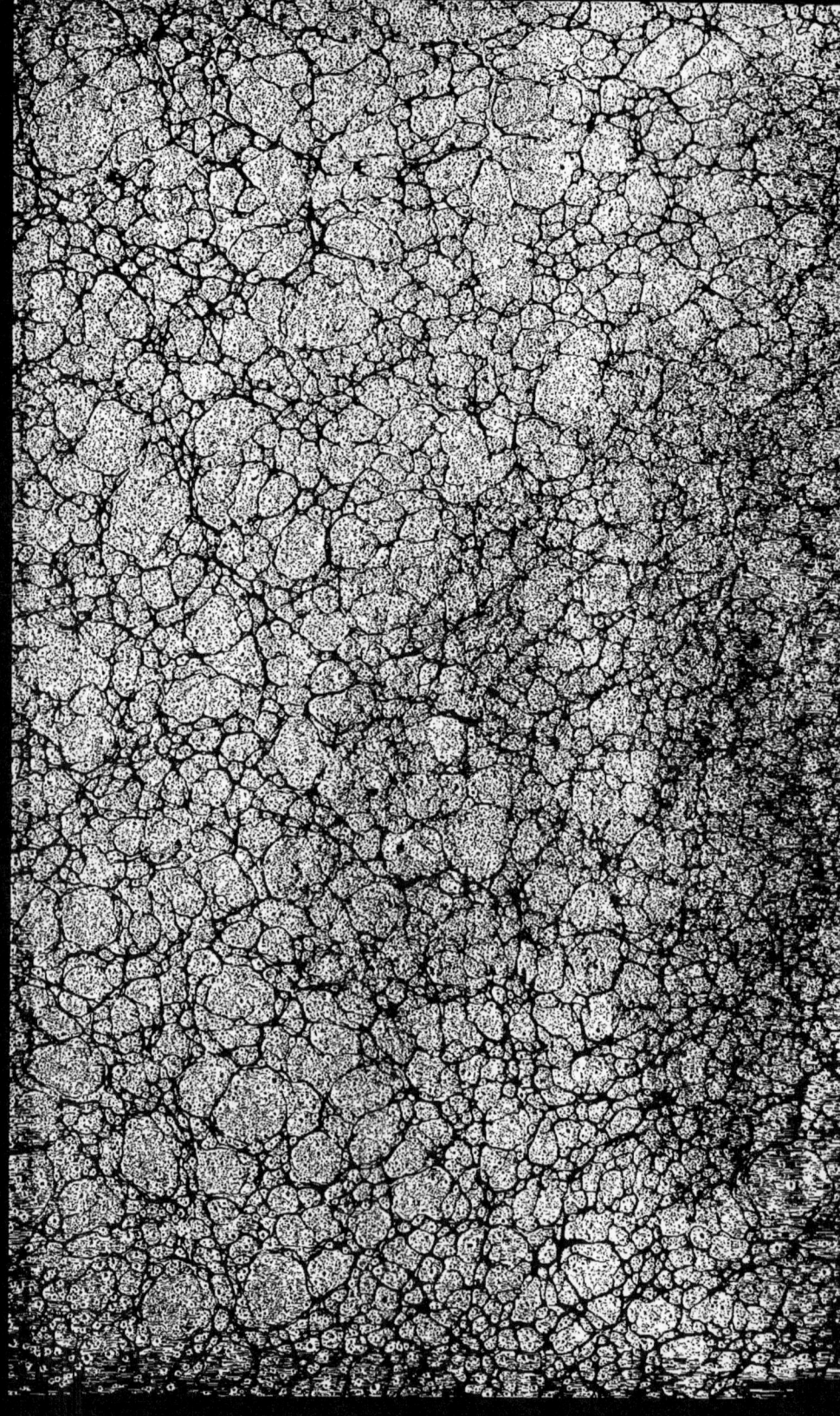

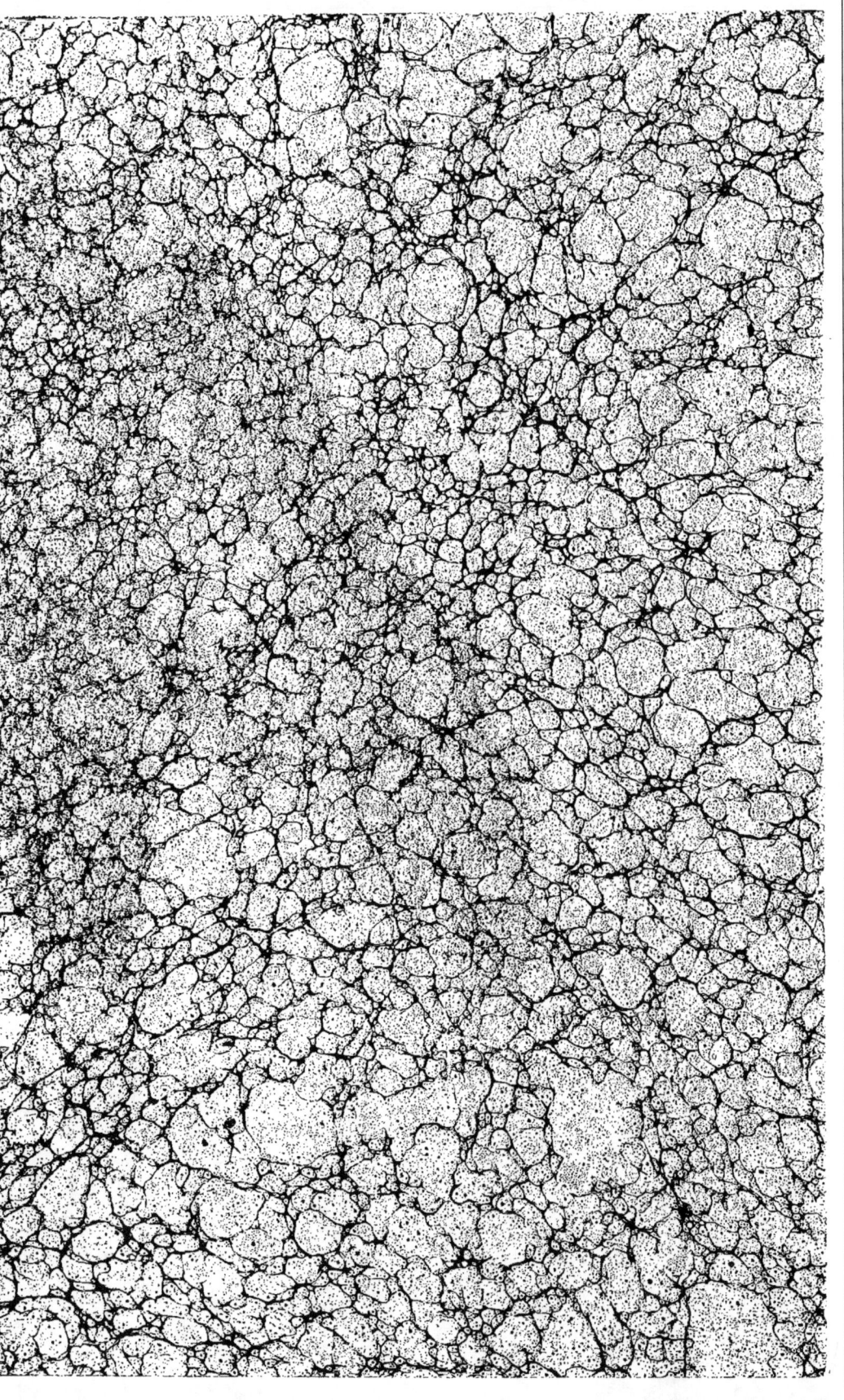

No. 15 du catalogue Bonnier

NOTICE

HISTORIQUE ET CRITIQUE

SUR

DOM JACQUES DU BREUL,

PRIEUR DE SAINT-GERMAIN-DES-PRÉS.

Extrait de la *Bibliothèque de l'École des Chartes,*

6ᵉ série, tome IV.

NOTICE
HISTORIQUE ET CRITIQUE

SUR

LA VIE ET LES OUVRAGES MANUSCRITS

DE

DOM JACQUES DU BREUL

AUTEUR DU THÉATRE DES ANTIQUITÉS DE PARIS
ET D'UNE CHRONIQUE LATINE MANUSCRITE SUR L'ABBAYE
DE SAINT-GERMAIN-DES-PRÉS,

PAR

MM. LE ROUX DE LINCY

ET

ALEXANDRE BRUEL,

ARCHIVISTES-PALÉOGRAPHES.

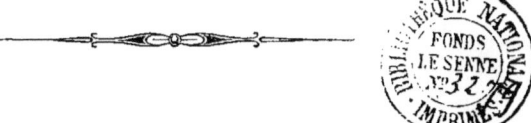

PARIS,
LIBRAIRIE A. FRANCK,
67, RUE DE RICHELIEU, 67
1868.

NOTICE

HISTORIQUE ET CRITIQUE

SUR

DOM JACQUES DU BREUL,

PRIEUR DE SAINT-GERMAIN-DES-PRÉS.

I.

Le savant et modeste bénédictin dont nous avons entrepris de retracer la vie et d'étudier les travaux n'est guère connu jusqu'à présent que parce qu'il est l'auteur d'un ouvrage imprimé, fort important, sur la ville de Paris, et que tous ceux qui ont écrit depuis le XVIIe siècle, sur les antiquités de notre capitale, ont très-souvent cité ou même copié sans autre peine que d'en rajeunir le style.

En nous livrant à des recherches suivies sur les historiens de la ville de Paris, nous avons été surpris du petit nombre de renseignements que nous trouvions sur le P. Du Breul, dans les biographies les plus accréditées. Le Père Niceron n'a point parlé de Du Breul. L'édition de Moréri de 1759 contient un article exact, mais peu complet, sur notre historien. La *Biographie universelle* de Michaud (1814), et la *Nouvelle Biographie générale,* lui ont consacré deux articles qui reproduisent, à peu de chose près, les détails biographiques déjà connus et donnent toutefois des listes assez exactes des ouvrages du savant bénédictin.

Etonnés du peu de renseignements que les biographes nous ont laissés, nous nous sommes adressés au cabinet des manuscrits de la Bibliothèque impériale, où sont conservés la plupart des manuscrits de l'abbaye de Saint-Germain-des-

Prés ; notre confrère et obligeant collaborateur, M. Léopold Delisle s'est empressé de nous indiquer un certain nombre de manuscrits rédigés de la main du Père Du Breul et contenant l'ouvrage écrit en latin que ce Père a laissé sur l'histoire de l'abbaye Saint-Germain-des-Prés, abbaye où Du Breul a passé la majeure partie de sa longue et laborieuse carrière. On connaît huit exemplaires de cet ouvrage, dont trois sont de la main de l'auteur, qui en a fait deux rédactions. C'est au folio 244 de la deuxième rédaction que nous avons trouvé une sorte d'*autobiographie,* écrite en latin aussi et qui ne laisse rien à désirer sur la vie particulière de l'auteur.

Ces renseignements très-détaillés n'ont pas encore été mis en œuvre et nous ne connaissons jusqu'à présent que Dom Bouillart, qui en ait fait usage et très-brièvement, pour la notice qu'il a consacrée à Du Breul, dans son Histoire de Saint-Germain-des-Prés [1]. L'historiographe de l'ordre de Saint-Benoît, le laborieux et savant D. J. François n'a guère fait sur ce point que répéter ce que D. Bouillart avait dit [2].

Grâce à ces documents authentiques, que nous résumons ci-après, nous pouvons, mieux que nos devanciers, faire connaître les circonstances principales de la vie du savant religieux, dont les travaux les plus remarquables sont relatifs à l'histoire de notre capitale.

Jacques Du Breul naquit à Paris, sur le Petit-Pont, le 17 septembre 1528 et reçut le baptême dans l'église de Saint-Séverin. Il fit ses études à l'Université de Paris, et fut témoin en 1548 [3] d'une de ces terribles émeutes qui eurent lieu si souvent entre les écoliers de cette Université et les moines de Saint-Germain-des-Prés, qui se sont disputé pendant plusieurs siècles la propriété du Pré-aux-Clercs.

Le 10 juillet 1549, à l'âge de 21 ans, il prit l'habit de novice dans l'abbaye de Saint-Germain-des-Prés, située alors aux portes de Paris, dans le faubourg du même nom.

1. D. Jacques Bouillart, *Histoire de l'abbaye royale de Saint-Germain-des-Prés.* 1724, in-f°, pages 217 et 218.
2. Voy. tom. Ier, p. 261-262 de la *Bibliothèque générale des écrivains de l'ordre de Saint-Benoît...* par un religieux bénédictin de la congrégation de Saint-Vannes (D. J. François). Bouillon, 1777, in-4°, 4 vol.
3. *Théâtre des Antiquitez*, p. 386. « J'en parle comme une personne qui y estoit *turbam ad malum sequutus.* »

L'année suivante, le 25 juillet 1560, il prononça ses vœux; fut fait sous-diacre en 1561, diacre en 1563, et le 22 décembre 1564, à l'âge de 26 ans, il fut élevé, suivant son expression, à la dignité de prêtre, et dit sa première messe le dimanche 13 janvier, octave de l'Épiphanie.

Du Breul, jeune encore, très versé dans la connaissance de la littérature latine qu'il avait apprise à l'Université de Paris, consacra huit années à l'étude des lettres sacrées, de la philosophie et surtout de l'histoire ecclésiastique de notre capitale. Il fut bientôt chargé, comme on le verra plus loin, de la conservation des archives de l'abbaye, qui étaient des plus importantes, ainsi que chacun sait [1]; il jouissait d'une grande considération due à son caractère et à son érudition : ce qui lui valut bientôt d'être choisi par le chapitre de son ordre pour remplir des fonctions élevées; il nous a laissé sur ce point des détails très-précis que nous allons reproduire :

« L'an 1572, le chapitre général de l'ordre me fit prieur claustral ou vicaire régulier de l'abbaye de Brantôme, au diocèse de Périgueux. Après y avoir passé trois ans, je fus élevé à la dignité d'abbé de Saint-Allyre. J'y restai trois années consécutives, après quoi, dans le chapitre général de l'an 1578, je quittai cette dignité, dans laquelle j'eus pour successeur le Père Innocent Gay [2]. »

Jacques Du Breul nous apprend encore que le 27 juillet 1580, le P. Guillaume Pellaut, prieur claustral de Saint-Germain-des-Prés, étant mort, il fut désigné pour le remplacer; les mêmes fonctions lui furent confiées en 1589, dans le chapitre général tenu au monastère de Saint-Sulpice de

---

1. Du Breul s'occupa également de la bibliothèque de Saint-Germain-des-Prés qu'il augmenta d'une grande quantité d'anciennes éditions et d'ouvrages rares. Voy. *Les anciennes Bibliothèques de Paris*, par Alfred Franklin. Paris, imprimerie impériale, 1867 (Histoire générale de Paris), tome Ier, p. 109, où l'on trouve le fac-simile de la signature de Du Breul.

2. Saint-Allyre était agrégé à Chezal-Benoît. Saint-Germain-des-Prés avait adopté en 1513 la réforme de cette dernière abbaye; en conséquence, il y avait un roulement entre les différents monastères de la même congrégation qui amenait les moines de Saint-Germain-des-Prés aux fonctions d'officiers des monastères, tels que Brantôme et Saint-Allyre de Clermont-Ferrand. C'était le chapitre général de la congrégation qui faisait les nominations. Du Breul parle un peu plus loin de l'abbé de Chezal-Benoît et de celui de Saint-Sulpice de Bourges. Le *Gallia Christiana* arrête la liste des abbés de Saint-Allyre de Clermont en 1500,

Bourges, dépendant de l'ordre de saint Benoît. Il a soin d'ajouter que cet honneur lui fut décerné pendant son absence et sans aucune sollicitation de sa part ; car, ainsi que nous le lisons dans la notice de Dom Jacques Bouillart : « Sa modestie et son humilité souffroient beaucoup dans ces occasions parce qu'il conservoit toujours dans son cœur de bas sentimens de lui-même, et un grand éloignement pour tous les emplois qui lui pouvoient donner quelque distinction [1]. »

En 1592, il fut désigné pour la seconde fois comme abbé de Saint-Allyre de Clermont.

Après deux années d'absence, en 1594, le cardinal Charles de Bourbon, alors abbé de Saint-Germain-des-Prés, qui l'aimait beaucoup, se trouvant atteint d'une maladie grave, redemanda près de lui le P. Du Breul, alors âgé de 66 ans ; et le chapitre général, réuni à Saint-Vincent du Mans, n'osa pas résister à la prière du cardinal.

Depuis lors, Dom Jacques Du Breul ne quitta plus Saint-Germain-des-Prés. En 1597, il fut nommé prieur claustral de l'abbaye, pour la troisième fois.

Ici s'arrête le texte même de la notice que le Père du Breul a écrite de sa propre main à la fin de sa chronique de Saint-Germain-des-Prés. Il est étrange qu'aucun auteur n'en ait fait usage, quand le Père Du Breul l'a reproduite en partie dans la préface de son édition d'*Aimoin*, qu'il dédia aux religieux ses confrères. Comme elle précise et complète les renseignements que nous avons rapportés, nous en traduirons quelques passages : « Quant à moi, après Dieu, je reconnais ce grand évêque (Saint-Germain) pour le maître de mes destinées. En effet je suis né à Paris, sur la limite de la paroisse de Saint-Séverin, abbé d'Agaune, au milieu du Petit-Pont, l'an du salut 1528, le 17 septembre, de parents honorables, mais peu fortunés ; une muraille d'un pied d'épaisseur a été le seul

---

époque à laquelle Jacques d'Amboise renonça au titre d'abbé, en faveur des moines et de la congrégation de Chezal-Benoit. Les abbés devinrent alors triennaux et les auteurs du *Gallia Christiana* ne les indiquent pas *brevitatis causa*. Mais on trouve la suite de ces abbés de Saint-Allyre dans l'histoire (manuscrite) de la ville de Clermont, par Audigier, conservée à la Bibl. imp. Cet auteur ne manque pas de citer Jacques Du Breul comme abbé en 1575 et 1593 ; mais il ne donne aucun détail sur son administration.

1. D. Bouillart, *ouv. cité*, p. 218.

obstacle qui m'empêcha d'être paroissien de Saint-Germain surnommé le Vieux, à cause de son grand âge. Après avoir été baptisé dans l'église de Saint-Séverin, église première et archipresbitérale de l'Université, je fus envoyé en nourrice au bourg de Saint-Germain. Ensuite, quand je parvins à l'âge de 16 ou 17 ans, la paroisse rurale de Saint-Germain surnommée les Lisses, située dans le diocèse de Paris et l'archidiaconé de Jozas, non loin de Corbeil [1] me fut conférée par un oncle paternel déjà décrépit et presque mourant. C'est sans droit, je l'avoue, car l'âge me manquait pour avoir charge d'âmes et je n'avais pas reçu les ordres sacrés, que je gardai cette paroisse jusqu'à ma profession monastique. » L'auteur continue en faisant remarquer que les jours de fête de Saint-Germain lui ont toujours porté bonheur. Enfin il dépeint en ces termes sa vie à Saint-Germain-des-Prés. « Maintenant exempt de toute administration, âgé de 74 ans et affranchi par là de la crainte de nouvelles pérégrinations, je me réjouis, plus que je ne puis le dire, au milieu de vous; je charme et je console ma vieillesse par des études assidues; sortant fort rarement de la bibliothèque, à moins d'y être forcé par le devoir de l'office divin, ou les soins nécessaires du corps, réalisant ainsi parfaitement l'étymologie de mon nom de moine [2]. »

Voilà, comme nous dit lui-même Du Breul, le secret des longs travaux qu'il a laissés. C'est au milieu de ces occupations qu'il termina sa vie dans l'abbaye. Il y mourut le 17 juillet 1614, et fut inhumé à l'intérieur de l'église [3].

Sa tombe se trouvait dans la chapelle Sainte-Marguerite. Sur cette tombe on lisait l'épitaphe suivante :

« *Hic jacet R. P. D. Jacobus Du Breul, olim abbas sancti Illidii Clarom. demum prior hujus monasterii regulæ observantia, antiquitatis peritia et operibus editis celebris. Qui obiit die 17 Julii, anno Domini 1614, ætatis 86, monach. 66. Requiescat in pace. Amen* [4]. »

1. *Les Lisses* (Seine-et-Oise), arr. et cant. de Corbeil.
2. *Aimoini monachi ... libri quinque de gestis Francorum...* Studio et opera fratris Jacobi Du Breul. Parisiis M.DCIII. In-fol., préface.
3. Nous croyons devoir donner en appendice le texte même de la note autobiographique, écrite de la main du P. Du Breul, au f° 244 du ms. latin 12,838.
4. Dom Bouillart, *Histoire de l'abbaye royale de Saint-Germain-des-Prés*, p. 218.

Le Père Du Breul, dans le manuscrit de la chronique dont nous avons extrait la notice biographique précédente, nous apprend en ces termes que le soin des archives de l'abbaye lui fut confié : *Cumque archivi demandata mihi fuisset provincia, ne parum feliciter opus cederet, antecessorum chartas, regum quoque privilegia, ac summorum pontificum diplomata diligenter evolvi atque revolvi.*

Le Père Du Breul ajoute que ce n'est pas sans des difficultés assez grandes et après les avoir relus maintes et maintes fois qu'il est parvenu à déchiffrer les anciens diplômes accordés à l'abbaye. Il cite entre autres ceux de Childebert II, fils de Clovis III [1], le privilége en faveur de la dotation du prieuré d'Argenteuil; il parle aussi des inscriptions des dalles tumulaires à demi effacées par le frottement des pieds. Ces renseignements tout nouveaux donnent beaucoup d'importance aux ouvrages du Père Du Breul, à qui ses connaissances en paléographie facilitaient l'étude et la classification des documents qu'il employait. Il résulte aussi des recueils manuscrits autographes remplis de prose et de vers latins qui nous restent du Père Du Breul et des citations qu'il a faites dans son *Théâtre des Antiquitez,* que c'était un homme très-lettré, également versé dans la connaissance des auteurs sacrés et profanes [2].

Outre les ressources que la riche abbaye de Saint-Germain-des-Prés offrait à tous les religieux pour leurs travaux, le Père Du Breul en avait qui lui étaient propres. Il nous apprend en effet, par sa préface des œuvres de S. Isidore de Séville, qu'il avait dans sa cellule une bibliothèque particulière admirée pour le nombre et le choix des ouvrages et formée en majeure partie des dons du cardinal de Bourbon, son protecteur et son ami, mort en 1590. Marian de Martinbos ou Martinbault, conseiller au parlement de Rouen et abbé commendataire de Saint-Michel en Erm avait enrichi cette bibliothèque de quelques ouvrages. Il est permis de penser que ce sont ces mêmes livres sur lesquels

---

1. Il y a là une double erreur du P. Du Breul. D'abord Childebert II n'est pas fils de Clovis III ; ensuite le diplôme est certainement de Childebert III. Mabillon l'a imprimé page 480 du *De re diplomatica.* Dom Bouillart est tombé dans la même erreur que Du Breul. Voy. *Histoire de Saint-Germain-des-Prés,* p. 15, et Preuves, art. 7.

2. Nous parlerons ci-dessous de ces recueils.

le Père Du Breul apposait sa signature, dont M. Franklin fait mention dans l'ouvrage que nous avons cité ci-dessus.

Dom Bouillart s'étonne avec raison que le Père Du Breul, au milieu des occupations que nécessitaient les charges importantes dont il était revêtu [1], ait trouvé le temps nécessaire pour se livrer à de longues études, et surtout à la composition des ouvrages nombreux qu'il nous a laissés; car en dehors des travaux relatifs à l'histoire de Paris, Du Breul a publié d'autres ouvrages sur différents sujets [2].

C'est surtout depuis l'année 1608, après qu'il eût donné la quatrième édition des *Antiquitez de Paris de Pierre Bonfons*, que le Père Du Breul s'est occupé spécialement de l'histoire de notre capitale [3]. Nous verrons plus loin en quoi consiste la chronique de Saint-Germain-des-Prés, qu'il nous

---

1. Aux charges mentionnées ci-dessus, il faut ajouter encore les fonctions de scribe du chapitre général de la congrégation de Chezal-Benoît, que Du Breul a remplies dans les années 1573, 1575, 1576, 1582 et 1598; car il a rédigé et signé en cette qualité les ordonnances de la Congrégation, ainsi que le témoigne le ms. lat. 12,784 décrit ci-après.

2. On lit à cet égard dans la notice que Dom Bouillart a consacrée à Du Breul (page 218 de *l'Histoire de Saint-Germain-des-Prés*) : « Le public lui est redevable de l'édition des ouvrages de saint Isidore de Séville, qu'il fit imprimer à Paris avec des notes en 1601. Il mit au jour l'année suivante l'Histoire de France composée par Aimoin, moine de l'abbaye de Fleury, qu'il a confondu avec Aimoin, moine de Saint-Germain-des-Prés. Dans le même volume se trouvent l'Histoire du siège de Paris, par les Normans, écrite en vers latins par Abbon, aussi religieux de Saint-Germain, la chronique du Mont-Cassin par Léon d'Ostie, l'histoire de la translation de saint Vincent, martyr, composée par Aimoin de Saint-Germain et quelques autres petites pièces d'antiquité. Du Breul a fait encore imprimer en 1604 les constitutions de la congrégation de sainte Justine ou du Mont-Cassin, sur la règle de saint Benoît, avec les bulles des papes qui concernent la réforme des Bénédictins. Il a fait aussi imprimer à Paris en 1610, la règle de saint Benoît avec un ancien cérémonial bénédictin à l'usage des religieux de la congrégation de Bursfeld, en Allemagne, avec les trois bulles dont nous venons de parler. On en a fait une seconde édition en 1616. » Nous ajouterons seulement à cette notice fort exacte de D. Bouillart, qu'en tête de l'édition d'Aimoin, l'on trouve *de Aimoino judicium*, sous forme d'avis au lecteur, et à la fin *Chronicon regalis monasterii sancti Germani a pratis*, in-folio, comprenant une liste des abbés et une notice des tombeaux qui existaient ou qui avaient existé dans l'abbaye. Enfin D. Bouillart a omis de citer *la Vie de monseigneur l'illustrissime prince et révérendissime cardinal Charles de Bourbon*, publiée par Du Breul, en 1612, in-4° de 15 pages, qui se joint au *Théâtre des Antiquitez*.

3. C'est dans la dernière édition de l'ouvrage de Bonfons, celle de 1608, que

a laissée, chronique qui est encore manuscrite. Nous voulons seulement étudier ici son principal ouvrage sur Paris, écrit en français et publié en 1612, ainsi que le supplément mis au jour en 1614, l'année même de sa mort.

On ne doit pas douter que le savant bénédictin ne possédât depuis longues années la majeure partie des documents historiques très-curieux, publiés dans le *Théâtre des Antiquitez*. Il suffit du reste de lire l'*avis* au lecteur, dont cet ouvrage est précédé, pour comprendre comment une œuvre aussi considérable a pu être mise au jour par un vieillard de quatre-vingt-quatre ans. Presque tout cet avis, qui n'a que six pages in-4°, est consacré à remercier les nombreux travailleurs qui l'ont aidé dans ses recherches. Bien que très-versé dans la connaissance des antiquités ecclésiastiques de notre capitale, le Père Du Breul, confiné par son grand âge dans les murs de Saint-Germain-des-Prés, avait recours non-seulement à ses amis laïques, mais encore aux religieux, ses confrères, qui n'avaient rien à lui refuser. Voici comment il s'exprime à propos d'un personnage important, qui avait parcouru pour lui les églises et les monastères de Paris : « Maintenant, puisque *ingenui est hominis profiteri per quem profecerit*, pour éviter les notes d'ambition et ingratitude, je confesse que maistre Jacques le Jay, fils de M. le Jay, naguères maistre en la chambre des comptes et de mademoiselle Jeanne de Soulfour m'a beaucoup aydé. Car la solitude à laquelle m'oblige la profession monastique et la débilité des jambes que l'aage m'a apportée, me contraignants garder la chambre, et estre fixe comme l'esponge au rocher et l'ouistre en son escaille : ce bon seigneur a prins la peine d'aller souvent aux églises, abbayes et priorez, tant de la ville que des champs, enclavez dans le diocèse, pour tirer coppie des fondations, et extraire les épitaphes qui apparoissent et n'ont encore passé par l'impression. Plus a tous les jours vacqué à la correction de nostre livre, venant de son domicile paternel, près les Enfans-Rouges, jusques au mont Saint-Hilaire. »

Parmi les personnes considérables auxquelles le Père Du Breul adresse des remercîments, je citerai Louis Seguier,

paraît pour la première fois parmi les historiens de Paris, le nom de Jacques Du Breul.

doyen du chapitre des chanoines de Notre-Dame, le président au Parlement, Jacques Auguste de Thou, auxquels il devait la communication *du grand et du petit pastoral* qu'il a si souvent cités [1].

Du Breul signale encore d'autres personnes, soit laïques, soit ecclésiastiques tout-à-fait dignes de remarque : Nicolas Lefèvre, précepteur de Louis XIII ; Guillaume Du Peyrat, aumônier ordinaire du roi, celui-là même à qui nous devons un ouvrage important sur l'ancienne chapelle des rois de France ;

M⁰ Jacques de Borne « seelleur » de l'évêché de Paris ; il avait écrit pour le *Théâtre des Antiquitez* la description si détaillée et si curieuse que l'on y trouve de l'église Notre-Dame ;

Le chartreux Dom Patience, à l'obligeance duquel Du Breul devait les renseignements qu'il a donnés sur le fief de Vauvert :

Frère Jean, Picard de surnom et de nation, qui lui avait donné des documents relatifs à l'abbaye de Saint-Victor ;

André Favin, avocat au Parlement, auteur d'un ouvrage bien connu et très-important sur les anciens ordres de chevalerie [2] ;

Favin avait communiqué au Père Du Breul des pièces importantes relatives aux chevaliers de Saint-Jean de Jérusalem, ainsi qu'une partie notable de son histoire de la Navarre, qui était encore inédite.

Le Père Du Breul devait aussi à Jérôme de la Noue, chirurgien du roi, tous les renseignements qu'il a donnés sur

---

1. Jacques-Auguste De Thou, ce célèbre bibliophile, qui nous a laissé une histoire remarquable de l'Europe au seizième siècle, est un des membres les plus remarquables de cette famille des De Thou, dans laquelle on compte des prévôts des marchands, des échevins, qui se sont illustrés dans leurs fonctions. Nous renvoyons à cet égard au détail donné p. 38 et suivantes de l'*Introduction de l'histoire générale de Paris*, tome Ier de cette collection. Quant au grand et au petit pastoral, ils ont été publiés avec les autres cartulaires de l'église Notre-Dame de Paris par M. Guérard, dans la collection des Cartulaires de France, sous le titre général de *Cartulaire de l'église Notre-Dame de Paris*, 1850, in-4°, 4 volumes. Voy. l'avertissement, page II du tome Ier.

2. « *Le théâtre d'honneur et de chevalerie ou l'histoire des ordres militaires des roys et princes de la chrestienté, et leur généalogie ; de l'institution des armes et blasons ; roys, héraulds et poursuivants d'armes, duels, joustes et tournois.* » Paris, 1620, 2 vol. in-4°, fig.

la corporation des chirurgiens et sur les ermites du Mont-Valérien, renseignements que lui avait envoyés le fils du chirurgien, Frère Séraphin de la Noue, le troisième reclus, retiré dans cette demeure.

Quant au chapitre détaillé que Du Breul a consacré à l'histoire de l'Hôtel-de-Ville, ainsi qu'au gouvernement du prévôt des marchands et des échevins, nous lisons ce qui suit dans son avertissement. « Pour le quartier de la Ville (qui fait le troisième livre de mon œuvre), celuy qui m'a le plus aydé a esté monsieur Nicolas Roland, sieur du Plessis, lequel m'a presté l'inventaire des tiltres et enseignements de l'hostel-de-ville, fait par maistre Jean Poussepin, en l'an 1583, qui ès années 1581 et 1582 avoit esté Eschevin.

» Le dit sieur Roland m'a aussi fourny de mémoires, touchant la cour des monnoyes, où il avoit esté général [1]. »

Du Breul cite encore Dom Martin Marrier, religieux de Saint-Martin-des-Champs, qui nous a laissé deux ouvrages intéressants sur cette abbaye célèbre, et auquel il était redevable du catalogue des deux cents seigneurs censiers qui se partageaient alors le territoire des faubourgs et de la ville de Paris [2];

Maître Éléonor de Saint-Leu, notaire du roi au Châtelet, qui lui avait prêté l'ouvrage sur la confrérie des dits notaires;

Et enfin le Père prieur des Célestins de Paris, qui m'a envoyé, dit-il, plusieurs livres manuscrits pour son monastère, desquels j'ay augmenté beaucoup le traicté par cy-devant imprimé pour le dit monastère [3].

1. Un extrait malheureusement trop court de l'inventaire des titres qui composaient à la fin du seizième siècle les archives de l'hôtel de ville de Paris, rédigé en 1583 par Jean-Nicolas Poussepin, a été publié à la page 73 de l'*Introduction à l'histoire générale de Paris* que nous avons citée plus haut.

2. Martin Marrier, né à Paris en 1572, mort en 1644, a passé toute sa vie au monastère de Saint-Martin-des-Champs où il est entré à l'âge de douze ans, et dont il a été prieur claustral pendant quinze années. On lui doit deux ouvrages sur l'histoire de cette abbaye : 1° *Martiniana, id est litteræ, tituli, cartæ, privilegia et documenta monasterii sancti Martini a Campis*. Paris, 1606, in-8°; — 2° *Monasterii regalis S. Martini de Campis historia*, lib. VI. Paris, 1637, in-4°. M. Douet-d'Arcq a publié dans ce recueil (IVe série, t. I, p. 322) des documents biographiques sur dom Marrier.

3. Voici comment les éditeurs de Sauval jugent l'ouvrage de son devancier dans la préface des *Histoires et recherches des Antiquités de la ville de Paris*.

Nous n'avons que très-peu de mots à dire au sujet du supplément latin que Du Breul a donné en 1614, quelques mois avant sa mort. En voici le titre : *Supplementum antiquitatum urbis Parisiacæ, quoad sanctorum Germani a pratis et Mauri Fossatensis cœnobia, auctore patre Jacobo Du Breul Parisino.* C'est un recueil de documents, de dates reculées, extraits des archives de Saint-Germain-des-Prés. Tous sont relatifs à l'histoire ecclésiastique de notre capitale et devaient avoir un grand intérêt quand ils ont paru pour la première fois [1]. Ce volume in-quarto, de 207 pages, ne doit pas avoir été tiré à un grand nombre d'exemplaires, car il est assez difficile de se le procurer. Le Père Du Breul l'a dédié à Jean Du Tillet, greffier civil du Parlement de Paris, fils de Jean Du Tillet, aussi greffier du Parlement de Paris, bien connu par ses ouvrages sur notre histoire, encore recherchés de nos jours [2].

Le succès du *Théâtre des Antiquitez* survécut au Père Du Breul, car vingt-cinq ans après sa mort, en 1639, il en parut une seconde édition qui n'est pas estimée à cause des fautes d'impression dont elle fourmille.

D'ailleurs l'impression est plus belle, les lignes moins serrées dans l'édition de 1612, qui comprend 1310 pages, tandis que celle de 1639 est renfermée dans 974 pages. La première édition est ornée de gravures représentant des tombeaux ou des portraits de personnages célèbres, exécutées par de bons artistes, tels que Thomas de Leu et Léonard Gaultier, et qui avaient été libéralement communiquées au Père Du Breul;

« Du Breul l'a emporté sur ses prédécesseurs, et par la réputation qu'il s'est acquise, il les a fait oublier : cependant, à la réserve de quelques traits d'histoire auxquels il s'est arrêté en particulier, il a passé légèrement sur tous les autres. »

1. Il faut remarquer que ceux de ces opuscules qui portent dans l'Index du Supplément les n°° 2 (Translation de St Vincent), 7 (Livre des Miracles de St Maur), et 14 (Catalogue des abbés de Saint-Germain-des Prés), figuraient déjà dans l'édition d'Aimoin donnée par Du Breul en 1603.

2. Jean du Tillet, sieur de la Bussière, érudit français, né à Paris où il est mort en 1570, est auteur de différents ouvrages sur l'Histoire de France. Le plus célèbre porte le titre suivant : *Recueil des rois de France, leur couronne et maison, ensemble le rang des grands de France*. Paris, 1580 et 1586, in-f° fig. et 1607-1618, in-4°. Voir Bibliothèque historique du père Le Long.

on ne les trouve pas dans la seconde édition, celle de 1639, qui est ainsi à tous égards inférieure à la première [1].

La même année, un avocat au Parlement qui ne s'est fait connaître que par son titre et ses initiales, D. H. I. publia sous le titre de *Supplément des Antiquitez de Paris,* un petit volume in-4° de 104 pages. C'est un travail curieux et utile, qui renferme sur l'état de notre capitale au XVIIe siècle des renseignements nouveaux, surtout en ce qui concerne les palais et les hôtels [2].

Enfin, l'année suivante, c'est-à-dire en 1640, parut une troisième édition du *Théâtre des Antiquitez,* dans le format grand in-folio, avec des additions nombreuses sur les travaux exécutés à Paris, pendant la régence de Marie de Médicis, et sous le règne de Louis XIII. C'est l'œuvre de Claude Malingre, né vers 1580, mort en 1653. Il était pourvu de l'office d'historiographe du Roi, et dans le but de justifier la charge qu'il occupait, il a produit différents ouvrages historiques qui ne sont pas très-estimés.

Les plus remarquables de ces ouvrages se composent de l'édition du *Théâtre des Antiquitez* et d'un autre livre, publié dans le même format, in-folio, sous le titre d'*Annales de Paris.* La troisième édition du *Théâtre des Antiquitez* est dédiée aux officiers municipaux alors en charge. Nous pensons que le corps de ville a dû supporter sa part des frais de publication de ce livre, frais qui durent être assez considérables. Ce volume imprimé avec soin, orné de quelques figures remarquables, doit avoir été tiré à un assez grand

---

1. Le titre de l'édition de 1639 est semblable à celui de 1612, sauf que les caractères sont en partie imprimés en rouge ; on y a également ajouté ces lignes : « *Augmenté en cette édition d'un supplément, contenant le nombre des Monastères, Églises, l'agrandissement de la Ville et Fauxbourgs qui s'est faict depuis l'année 1610 jusques à present. A Paris, par la société des Imprimeurs. M.D.C.XXXIX.* »

2. Dans le ms. français 1970 (Bib. imp.), on trouve une copie de ce Supplément moins complet que dans l'imprimé, avec lequel nous l'avons comparée. Elle comprend les f°s 141 à 170 du ms. On y trouve également des Remarques du *Théâtre des antiquitez de Paris* de Du Breul, cité d'après l'édition de 1639 (f°s 134 à 137, v°). Le commencement du ms. est rempli par des extraits de la *Science héroïque* de Vulson de la Colombière, Paris, 1644, et enfin des remarques sur les papes et le clergé (f° 113).

nombre d'exemplaires, car il n'est pas difficile de se le procurer [1].

Nous venons de suivre, assez longtemps après la mort du Père Du Breul, les destinées de son principal ouvrage, le *Théâtre des Antiquitez de Paris*. Il nous reste à parler maintenant des manuscrits qu'il a laissés. La Bibliothèque impériale, qui a hérité de la plupart de ceux de l'abbaye Saint-Germain-des-Prés, possède une série de volumes, écrits de la main du Père Du Breul, et renfermant des extraits d'auteurs sacrés et profanes sur une foule de points de religion, de morale et d'histoire ecclésiastique. (N°s 13093 à 13105 du fonds latin). On remarque parmi ces manuscrits un sommaire des sermons prononcés par le Père Du Breul, dans les années 1580, 1581, 1582, 1583, 1593 et 1594. (N°s 13099, 13100 et 13105). Il faut y rattacher le manuscrit latin 14199, intitulé *Collectanea pia auctore D. Jacobo Du Breuil germanensi monacho struendis concionibus apta*. Il est écrit d'une autre main que celle du Père Du Breul. Mentionnons encore, dans le même ordre d'idées, le ms. latin 12784, en grande partie autographe de Du Breul et qui renferme principalement : 1° des extraits sur la règle de Saint-Benoît; 2° des notes sur les statuts de la congrégation de Chezal-Benoît; 3° les statuts de la même congrégation réunis par l'ordre du chapitre général, en l'an 1580; 4° les ordonnances des chapitres généraux de la congrégation de Chezal-Benoît, depuis 1517 jusqu'en 1622. Jusqu'en 1607, elles paraissent revues par le Père du Breul. Celles de 1607 sont écrites de sa main. Les ms. 13854, 13855 et 13856 du fonds latin sont des copies partielles de ce même travail du Père Du Breul. Nous

---

1. « *Les Antiquitez de la ville de Paris, contenant la recherche nouvelle des fondations et établissements des églises, chapelles, monastères, hôpitaux, hôtels, maisons remarquables, fontaines, regards, quais, ponts, et autres ouvrages curieux... Le tout extrait de plusieurs titres et archives, cabinets... Enrichies de plusieurs belles figures.*» (Signé : Claude Malingre). Paris, P. Rocolet, 1640, in-f°. Nous connaissons quelques exemplaires de cet ouvrage, imprimés sur papier fort, lavés et réglés, couverts d'une reliure en maroquin rouge bien exécutée, aux armes de la ville de Paris, le vaisseau surmonté de trois fleurs de lys. Ces exemplaires doivent être ceux que Claude Malingre a offerts aux autorités municipales; la même reliure se trouve aussi sur l'autre ouvrage de Malingre, *les Annales de Paris*.

n'avons point trouvé trace des recherches que le savant religieux avait faites pour le *Théâtre des Antiquitez,* mais le ms. latin 12831 est un catalogue des Evêques de Paris que Du Breul avait fait préparer. Il y a consigné les renseignements qu'il a trouvés sur un certain nombre de ces prélats. Ce travail paraît postérieur à l'édition du *Théâtre des Antiquitez* de 1612, à laquelle renvoie quelquefois le Père Du Breul. Il avait fait aussi pour son usage une analyse de la Cité de Dieu de Saint-Augustin avec des extraits des commentaires de Vivès sur cet ouvrage. (Fonds français 19269 [1].)

Enfin pour achever l'énumération des recueils d'extraits faits par le Père Du Breul, il convient de citer ici le manuscrit latin 14157, écrit de la main du savant religieux et qui renferme non-seulement les pièces de vers latins et français dont le Père Du Breul voulait garder la mémoire, mais aussi, à ce qu'il nous semble, quelques pièces françaises et latines qu'il avait composées lui-même pour le délassement de son esprit. Elles peuvent donner une idée des sentiments qu'éprouvaient les religieux de Saint-Germain, à l'annonce des événements qui s'accomplissaient hors de l'abbaye [2].

Nous avons réservé, pour terminer, le plus important des manuscrits du Père Du Breul, sa Chronique latine inédite, de l'abbaye de Saint-Germain-des-Prés. L'examen de ce travail considérable, dont il existe huit exemplaires à la Bibliothèque impériale, exigera un assez long développement; c'est pourquoi nous nous proposons d'y consacrer un second article, dans lequel nous parlerons également de la traduction française de cette chronique, par F. Symon Millet, aussi religieux de Saint-Germain-des-Prés. Cet ouvrage nous paraît d'autant plus mériter un examen attentif, qu'il est resté jusqu'à présent à peu près inconnu et qu'il renferme des renseignements et des documents importants, dont l'historien de

---

1. Jean-Louis Vivès, savant philologue espagnol, né à Valence en 1492, mor en 1540, a écrit entre autres ouvrages des *Commentaires sur la cité de Dieu.* 1522.

2. C'est ainsi que l'on trouve au f° 11 une pièce de vers latins sur la mort de Henri II, une autre au f° 16 sur le duel de Jarnac et de la Chateigneraie, et deux sonnets faits en 1576 et 1577 sur l'issue funeste des guerres civiles de France. Le ms. latin 14158 d'une autre main que celle de Du Breul reproduit en grande partie le ms. 14157.

Saint-Germain-des-Prés, le Père Bouillart, n'a point fait usage. Réparons l'omission de cet écrivain.

II.

La Chronique de l'abbaye de Saint-Germain-des-Prés, qui n'a jamais été imprimée, est peut-être parmi les ouvrages du P. Du Breul celui qu'il a composé avec le plus de prédilection et de soin. Cependant si l'on en excepte une citation inexacte du P. Lelong[1], répétée après lui par les biographes du P. Du Breul, et les quelques mentions que Dom Bouillart a faites de l'œuvre de son devancier dans son Histoire de Saint-Germain-des-Prés, la chronique de Du Breul est restée à peu près inconnue, au point qu'un auteur a pu en mettre en doute l'existence[2]. Il est certain que depuis la publication de l'ouvrage de D. Bouillart, qui a largement profité du travail de Du Breul, la Chronique de ce dernier a perdu une grande partie de son importance. Hâtons-nous toutefois d'ajouter qu'elle offre encore un sérieux intérêt aux érudits et aux historiens par la liberté des appréciations, l'indépendance du langage et aussi par les documents encore inédits qu'elle renferme. C'est ce que nous nous efforçerons de mettre en lumière. Le nombre des manuscrits de la Chronique de Saint-Germain qui sont parvenus jusqu'à nous, montre le soin que Du Breul y a apporté et l'intérêt que les religieux ses confrères y attachaient. Sur les huit exemplaires conservés à la Bibliothèque impériale, sous les numéros 12837 à 12844 du fonds latin, trois sont en tout ou en partie écrits de la main de l'auteur; les autres sont des copies faites par les moines de l'abbaye de Saint-Germain-des-Prés. Le P. Du Breul a fait deux

---

1. Lelong. *Bibliothèque historique de la France*, tom. I. n° 12494, renvoie à Mabillon, (Annales, II, 48), où il n'est pas du tout question de Du Breul.
2. Voici ce qu'écrivait D. J. François, dans sa *Bibliothèque générale des écrivains de l'ordre de Saint-Benoît*, tom. 1, p. 262. « M. Le Gendre lui attribue (à Du Breul) encore une chronique de l'abbaye de Saint-Germain-des-Prés, mais on pense que cette chronique n'est autre chose que ce qu'il a dit de ce monastère dans son supplément aux antiquités de Paris. » Parmi les écrivains les plus récents, M. A. Franklin, dans le tom. I des *Anciennes Bibliothèques de Paris*, mentionne la Chronique du P. Du Breul, p. 108, note 3 et 4, et p. 109, note 8, où l'on voit qu'il a apprécié ce manuscrit à sa valeur.

rédactions de sa Chronique, la première en 1569, la seconde en 1587. Nous avons le manuscrit de la première rédaction (numéro 12844), entièrement autographe de Du Breul, mais incomplet des premiers feuillets. Le numéro 12843, écrit de la main de F. Etienne Rivière en 1578, est également de la première rédaction. De la seconde il nous reste le manuscrit 12840, qui est écrit en entier par le P. Du Breul, et le manuscrit 12838, qui ne l'est qu'en partie, mais qui est la mise au net du premier. Les quatre autres manuscrits (12837, 12839, 12841 et 12842) sont de diverses mains ; cependant le numéro 12837 est une copie d'une écriture fort soignée, et qui renferme quelques documents non rapportés dans le manuscrit autographe.

On a pu voir que le plus important de ces manuscrits est le numéro 12838, deuxième rédaction de la Chronique, en grande partie écrite par le P. Du Breul et revu par lui avec grand soin pour les passages qui ne sont pas de sa main ; c'est ce manuscrit que nous avons pris pour base de l'étude que nous avons faite de cet ouvrage, nous réservant toutefois de recourir aux autres exemplaires quand ils nous ont offert quelque particularité intéressante.

Ce manuscrit, petit-in-folio, aujourd'hui relié en maroquin rouge, portait autrefois le numéro 438, dans le fonds latin de Saint-Germain ; il se compose de 323 feuillets, dont plusieurs sont restés blancs de distance en distance et porte le titre suivant : *Inclyti cœnobii D. Germani a pratis Chronica, auctore fratre Jacobo Du Breul ejusdem loci monacho cum indice ad calcem locupletissimo.* Après plusieurs citations latines, on lit l'épigraphe *Spe labor levis*, que Du Breul a répétée en tête de presque tous ses ouvrages.

Les folios 2 à 4 renferment la préface, un avertissement au lecteur sur les pièces citées et sur les renvois faits dans l'ordre des archives de l'abbaye, une courte note sur quelques circonstances de la vie d'Aimoin, et enfin une pièce de vers en l'honneur de l'ouvrage par un des confrères du P. Du Breul, frère Gabriel Bordet.

La Chronique commence véritablement avec le folio 5 ; nous aurons soin, pour plus de clarté, de distinguer les différentes parties de ce travail et nous indiquerons successivement quels sont les emprunts que le P. Du Breul a faits à chaque partie de sa Chronique pour enrichir ses autres publications. On pourra juger par là plus sûrement de l'intérêt qu'elle présente encore.

1. La première partie est consacrée au récit de la fondation de l'abbaye, suivi d'un résumé de la vie de saint Germain. La transcription et l'explication du diplôme de Childebert Ier en faveur de l'église de Saint-Vincent, la dédicace première de l'église, la copie avec notes explicatives du privilège de saint Germain, évêque de Paris, remplissent les folios 11 à 43.

Ces deux actes d'une importance extrême sur lesquels reposent les origines de l'abbaye de Saint-Germain-des-Prés ont été imprimés plusieurs fois, notamment par Du Breul lui-même, avec la presque totalité des notes qu'il avait consignées dans la Chronique que nous étudions[1]. Mais tandis qu'il croyait avoir sous les yeux les originaux eux-mêmes, il est aujourd'hui démontré par les travaux de MM. Pardessus, Guérard, Pertz et de Wailly que ce sont des transcriptions faites pour remplacer les originaux à une époque très-ancienne. Quant à la charte de fondation en particulier, M. J. Quicherat a démontré de plus, dans une dissertation insérée dans ce recueil[2], que la teneur de cet acte était contemporaine du renouvellement de l'abbaye, au commencement du onzième siècle. C'est une de ces fausses chartes que la diplomatique est loin de proscrire, mais dont elle enseigne à faire un usage raisonné, en les ramenant à la date réelle de leur fabrication.

Le P. Du Breul, qui a suivi le manuscrit d'Aimoin, conservé à Saint-Germain-des-Prés, raconte ensuite un prétendu voyage de saint Germain à Jérusalem en 577, d'où il aurait rapporté des reliques conservées dans l'abbaye[3]. Mais le savant Du Chesne et après lui D. Bouquet ont reconnu qu'il y avait là une interpolation faite dans le manuscrit du onzième siècle, appartenant à l'abbaye de Saint-Germain-des-Prés, et suivant toute apparence rédigé dans le monastère même[4].

Enfin, le P. Du Breul parle de la mort de saint Germain, de sa sépulture, et rapporte ce qu'il a trouvé dans divers auteurs sur l'évêque de Paris (folios 44 et 45).

1. *Aimoini monachi... libri quinque.* p. 56 et 75.
2. *Critique des deux plus anciennes chartes de l'abbaye de Saint-Germain-des-Prés,* par M. J. Quicherat. VIe série, tom 1er, p. 513-555.
3. Aimoin. Livr. III, ch. IX. Ed. Du Breul, p. 84. Voy. aussi Lebeuf. *Histoire de Paris,* tom. III, p. 2. Ed. Cocheris.
4. Du Chesne. *Historiæ Francorum scriptores,* III, p. 1. D. Bouquet, *Recueil des Historiens de France,* tom. III.

Il termine sur ce point par quelques détails relatifs aux disciples de saint Germain, savoir saint Bertram, évêque du Mans, saint Brieuc, et le bienheureux Eltut, abbé.

II. La Chronique se continue par le catalogue des abbés du monastère de Saint-Germain-des-Prés, contenant leur histoire et les événements mémorables qui se sont passés de leur temps dans l'abbaye et même au dehors. L'auteur suit l'ordre chronologique, consacre une notice fort étendue à chaque abbé et insère dans son récit un grand nombre de pièces originales dont quelques-unes sont suivies de notes développées. Pour faire l'analyse de cette partie du manuscrit, qui s'étend du folio 49 verso au folio 199 verso, il faudrait retracer en abrégé toute l'histoire de l'abbaye depuis sa fondation jusqu'au seizième siècle. Nous ne l'essayerons pas, et nous nous bornerons à faire quelques observations. Le nombre des abbés est de soixante-dix dans Du Breul. Le dernier est Charles II, cardinal de Vendôme et depuis de Bourbon ; le premier est Autharius, par suite d'une erreur que M. Quicherat indique ainsi dans la dissertation citée ci-dessus. « Une charte du temps de Childebert III, connue sous le nom de charte de Gamon (697), maladroitement rapportée à celui de Childebert Ier, était cause qu'un abbé Autharius, nommé dans cet acte, avait pris rang sur la liste avant Droctovée, et cette erreur historique consacrée par le continuateur et interpolateur d'Aimoin qui écrivit vers 1015, se perpétua pendant toute la durée du moyen-âge[1]. » A ce point de vue, Du Breul appartient encore au moyen âge ; il a donné la première place à Authaire ; mais D. Bouillart est revenu à la vérité et a rétabli en premier lieu S. Droctovée.

Puisque nous parlons de la liste des abbés de Saint-Germain-des-Prés, il n'est pas hors de propos d'indiquer les motifs des différences que l'on remarque entre la liste de Du Breul et celle de D. Bouillart. Celui-ci a relevé les inexactitudes de son devancier. Plusieurs abbés ont été remis à leur rang, le 8e Sigofridus, le 20e Hilduin II ; D. Bouillart a rétabli Authaire II et montré que S. Babolein n'a jamais été abbé de Saint-Germain et qu'on l'a confondu avec S. Babon qui succéda à Thedelmar en 720. Une autre cause de différence entre les deux listes est que

---

1. J. Quicherat, loc. cit. p. 531.

D. Bouillart a compté Hugues le Grand et Hugues Capet parmi les abbés, ce qui fait que Hugues Ier, abbé de 1116 à 1145, est devenu pour D. Bouillart Hugues III. Voilà les remarques que nous voulions faire au sujet de la chronologie des abbés[1].

Quant au fond même du travail, les récits du P. Du Breul sont très-intéressants et extraits d'une multitude d'actes et de chroniques manuscrits et imprimés. On regrette seulement que l'auteur ait puisé quelquefois à des sources peu sincères, comme la Chronique de Turpin, dont l'érudition moderne a montré la fausseté. Au point de vue de la lecture de cet ouvrage, qui est pour nous purement historique, on peut blâmer également l'abondance des digressions sur des points de droit canonique et d'histoire des mœurs et des personnes dont l'auteur avait à parler. On pardonnerait au P. Du Breul d'avoir à propos d'Irminon, 17e abbé, qui a séparé à Saint-Germain-des-Prés le revenu de l'abbé de celui des moines, fait une dissertation assez longue (folios 64 et 65) sur la mense abbatiale et sur la mense conventuelle. Mais, quand à propos de l'avénement à Saint-Germain-des-Prés d'Hilduin, déjà abbé de Saint-Denis et de Saint-Médard-de-Soissons, Du Breul se livre à une longue digression sur les canons des conciles qui défendent la pluralité des bénéfices (folios 66 à 70, verso), ou bien quand il énumère longuement les monastères fondés par Pépin Ier d'Aquitaine, on ne peut s'empêcher de penser que sa Chronique aurait gagné à être dégagée de ces détails qui lui sont étrangers.

Voilà une des causes qui ont dû empêcher autrefois la publication de la Chronique de Du Breul et qui la rendraient impossible aujourd'hui. D'ailleurs le P. Du Breul ne voulait pas, dans l'intérêt de son couvent, que la Chronique de Saint-Germain-des-Prés fût publiée; il le dit formellement dans sa préface. « L'amour propre n'a pas obscurci à tel point mon intelligence que je ne connaisse toute mon ignorance. Quoique, grâce à vos soins, ma Chronique ait revêtu une plus belle forme, il ne faut pas pour cela la mettre au jour, mais la réserver pour votre

---

[1]. La liste des abbés de Saint-Germain-des-Prés de D. Bouillart, quoique plus complète et plus exacte, a été revue et augmentée par les auteurs du nouveau *Gallia Christiana*. Ils sont revenus d'abord à l'opinion de Du Breul, au sujet du 6e abbé Germain, que D. Bouillart avait supprimé de sa liste quoiqu'il le nomme p. 14. Ils ont ajouté ensuite le XXIIIe Gozlin II, le XXXVIIIe Hugues III, et le XLIIe Rainauld, rétabli dans sa dignité après Guillaume II, l'an 1110.

usage particulier. Elle renferme en effet de très-anciens privilèges et des documents manuscrits rapportés *in extenso*, qu'il n'est peut-être pas bon de laisser lire aux étrangers, de peur que, comme dit le proverbe, ils ne cherchent des nœuds dans des joncs, et qu'ils ne s'efforcent de tourner à leur avantage ce qui nous a été manifestement donné pour le nôtre, nous perçant pour ainsi parler de nos propres armes.....[1] »

C'est pourquoi le P. Du Breul n'a pas craint de faire lui-même quelques emprunts à son manuscrit pour enrichir ses autres ouvrages. Ainsi les huit privilèges les plus importants de l'abbaye de Saint-Germain-des-Prés, depuis sa fondation jusqu'au règne de Charles le Simple, figurent intégralement dans l'édition d'Aimoin, avec presque tous les éclaircissements et les notes que Du Breul a placés dans sa Chronique. Le catalogue des abbés de Saint-Germain-des-Prés se trouve non-seulement dans Aimoin[2], mais aussi dans le *Supplementum Antiquitatum urbis Parisiacæ* (p. 186-191), publié par Du Breul en 1614[3]. Enfin la généalogie des Briçonnets rapportée d'après un tableau du couvent de Sainte-Croix à Paris, à propos de Guillaume IV Briçonnet, 66ᵉ abbé de St-Germain-des-Prés (folio 165 du ms.), a été imprimée dans la même édition d'Aimoin (p. 432-434).

Par contre, l'examen prolongé des diplômes et chartes originales insérés au nombre de soixante-huit, dans cette partie de l'ouvrage, nous a montré un certain nombre de pièces importantes et qui nous semblent inédites, après les recherches que nous avons faites. Ces pièces sont en général transcrites d'après les originaux conservés dans les archives de l'abbaye; un grand nombre de ces copies ont servi à Dom Bouillart, comme le témoignent les indications mises en marge des preuves de son

---

1. « Non enim phylautia ita mihi oculos mentis obtenebravit, ut ignorantiæ meæ sim nescius. Cumque vestris laboribus pulchriorem induerit formam, non propterea tamen in lucem prodeat; sed vestro usui peculiaris reservetur. Sunt namque in eo pervetusta privilegia et instrumenta chartacea integre ad verbum relata, quæ ab allophylis forsan legi non expedit, ne (ut est in proverbio) nodum in scirpo quærant, et quod in nostram utilitatem datum constat, in suam trahere nitantur, quasi propriis nos confodientes gladiis. » Du Breul, *Chron.*, fᵒ 3, vᵒ.

2. *Aimoin*, p. 427. Ce catalogue est plus complet que celui de la Chronique manuscrite que nous étudions.

3. On trouve également dans ce volume, p. 79, une partie de la chronique de Du Breul, relative à saint Leufroy, sous ce titre : *Ex chronicis fratris Jacobi Du Breul, monachi Sancti Germani a Pratis*.

Histoire de Saint-Germain-des-Prés. Nous citerons parmi les pièces qui nous semblent inédites, deux chartes relatives aux droits des religieuses de Haute-Bruyère, au diocèse de Chartres, sur les dîmes de Meudon, qui appartenaient à Saint-Germain-des-Prés, en vertu du rachat de l'abbé Eudes en 1231; la confirmation d'un accord entre Artaud, au nom de sa femme Odierne, dame de Nogent, et l'abbaye de Saint-Germain, 1182; les lettres de l'évêque de Paris, Eudes de Sully, qui permet l'érection d'une chapelle à Choisy (le Roi), dont les habitants étaient obligés jusqu'alors de se rendre à Thiais pour les offices (1207); une charte de l'abbé de Sainte-Geneviève, contenant échange avec l'abbaye de Saint-Germain-des-Prés de deux serves qui se formariaient; la quittance de l'Université pour la somme à laquelle l'abbaye avait été condamnée par le roi pour réparation du meurtre de deux écoliers, Gérard de Dolé et le fils de Pierre le Scelleur, qui avaient été tués dans l'émeute de 1278.

On y trouve encore le texte du chapitre général des bénédictins des deux provinces de Reims et de Sens en 1379, à Saint-Corneille de Compiègne, acte dont le P. Bouillart a donné seulement l'analyse, p. 163 des preuves. Pour l'histoire des environs de Paris, on remarque des lettres de l'évêque de Paris, Guillaume VI, relatives à la chapelle de l'hôpital de Villeneuve-Saint-Georges, en 1458, et les lettres de dédicace de l'église de Thiais, le 8 août 1484. Nous ne parlerons pas d'un certain nombre de pièces relatives à Guillaume Briçonnet, parce qu'elles sont publiées dans l'ouvrage que Guy Bretonneau a consacré à cette illustre famille [1].

Nous terminerons cette longue revue par l'indication de quelques actes curieux relatifs à l'histoire de l'abbaye de Saint-Germain-des-Prés au temps du roi François Ier, actes qui ne figurent pas dans le manuscrit autographe et que nous empruntons au manuscrit 12837. Après la mort de Guillaume Briçonnet, le 24 janvier 1533, le cardinal François de Tournon demanda au roi et obtint l'abbaye de Saint-Germain-des-Prés, quoiqu'il fût déjà pourvu de celles de la Chaise-Dieu, de Ferrières, de Beaulieu, de Saint-Flour, et de la prévôté de l'église cathédrale de Toulouse. Ce choix ne fut pas heureux pour l'abbaye, car

---

[1]. Guy Bretonneau. *Histoire généalogique de la maison des Briçonnets...* Paris, 1621, in-4°.

loin de protéger les religieux à l'exemple de son prédécesseur, le cardinal de Tournon leur fit beaucoup de peines, dit D. Bouillart, dans quantité d'occasions, soit dans leurs propres personnes, soit dans la soustraction d'une partie considérable de leurs revenus. C'est ainsi que quatre religieux ayant caché en 1536 la châsse de Saint-Germain et les reliques, de peur des Huguenots, et s'étant retirés sur ces entrefaites dans d'autres monastères, les partisans du cardinal les accusèrent d'avoir volé le trésor de l'abbaye, et il fallut pour sauver leur honneur révéler le lieu où étaient les reliques. C'est à ce propos que D. Bouillart indique vaguement un concordat que le cardinal voulait faire avec les religieux et qui était très-désavantageux pour eux. S'il faut en croire Du Breul, le but de ce concordat était de retrancher une partie des biens de la mense conventuelle pour les reporter à la mense abbatiale, qui regorgeait déjà de richesses (*jam plus satis sua copia redundantem*). Les négociateurs envoyés par le couvent auprès du cardinal furent le P. Jean Massieu, vicaire claustral, le P. Placide Légier, prieur, et F. Jean Boursier. Le cardinal qui se trouvait alors à Lyon accorda le libre retour des frères fugitifs; mais il ne voulut pas observer le concordat des Briçonnets et s'empara de Villeneuve-Saint-Georges avec tous ses revenus annuels, tant à Paris que dans le faubourg de Saint-Germain, sans aucune compensation. Le cardinal se réserva encore toute la justice des terres de l'abbaye et voulut avoir la collation de tous les bénéfices réguliers, sauf le petit nombre de ceux qui étaient unis à la mense conventuelle. Tel est en résumé le sens et telle est la portée du concordat imposé aux religieux de Saint-Germain par le cardinal de Tournon. Aussi Dom Bouillart lui-même, quoique très-réservé dans ses jugements, n'a pu s'empêcher d'écrire que ce prélat a paru toujours fort intéressé et même au delà de l'équité[1]. Il n'y a qu'un panégyriste comme le jésuite Charles Fleury [2] qui ait pu s'étonner d'une pareille appréciation de la conduite du cardinal[3].

1. Bouillart, *Histoire de Saint-Germain-des-Prez*, p. 192.
2. *Histoire du cardinal de Tournon, ministre de France sous quatre de nos rois*, par le P. Charles Fleury, jésuite. A Paris. MDCCXXVIII, page 412.
3. Les actes relatifs au concordat du cardinal de Tournon sont les suivants : Extrait du registre des commissaires ordonnés par le roi pour le faict de l'abbaye de Saint-Germain-des-Prés-lès-Paris. Du mercredi 2 février 1535. C'est le procès-verbal d'une conférence qui eut lieu ce jour-là à Saint-Martin-des-Champs entre

Telle est la liste des pièces que Du Breul a tirées des archives de Saint-Germain et qui peuvent jeter encore quelque jour sur l'histoire de la célèbre abbaye. Nous en avons négligé quelques-unes qu'il a copiées dans les cartulaires qui nous sont parvenus [1]. La Chronique du P. Du Breul s'arrête à l'année 1569 et conclut ainsi : « Voilà donc la fin et le terme de tout notre ouvrage. Que de soins, que de veilles il nous a coûtés, ceux-là pourront en être les garants sincères et fidèles qui ont pénétré dans les archives de notre monastère de Saint-Germain-des-Prés, et qui ont vu la masse de chartes, de privilèges et de diplômes, d'où nous avons principalement extrait cette Chronique [2]. »

III. La Chronique de Saint-Germain est continuée (folios 200 à 208), sous forme d'appendice, d'après la Chronique du P. François Guignard, de 1570 à 1595, et elle s'étend même jusqu'en 1598 dans le manuscrit 12837. Du Breul a laissé en blanc les folios 208 à 221 du manuscrit 12838, comme s'il n'avait

les commissaires, les pères réformateurs et maistre Nicole Quelain, vicaire du cardinal de Tournon, qui fit, au nom de son maître, ses observations sur les articles dressés par les pères réformateurs. A la suite, on trouve le texte latin des articles. Mais le concordat n'a été définitivement signé que le 1er mars 1543. On le trouve au folio 215 du manuscrit 12837. Il contient l'énumération des biens et possessions qui devaient appartenir à la mense conventuelle, et qui furent acceptés par D. Quentin de Condé, au nom de la congrégation, et D. Boullenger au nom du couvent. On lit à la suite, après les procurations données par les religieux et par le chapitre général de la congrégation, la requête des religieux au roi, le renvoi au Parlement par le conseil du roi, l'avis du Parlement et enfin les lettres patentes du roi François Ier, confirmant le concordat et datées de Paris, juin 1544.

1. Quels que soient le mérite et l'étendue des ouvrages de Du Breul et de Dom Bouillart sur Saint-Germain-des-Prés, il est un côté de cette histoire encore peu exploré ; nous voulons parler des possessions de l'abbaye dans Paris et surtout dans le faubourg qui portait le nom de Saint-Germain. Les deux auteurs ci-dessus nommés ont parlé en quelques endroits de certaines maisons appartenant à l'abbaye ; la nomenclature seule des cens du monastère sur les maisons de Paris est considérable. (Archives de l'Empire, série S, cartons 2834 à 2883, 2887 et 2889). Les divers cartulaires de l'abbaye, conservés dans le même dépôt (série L), fourniraient encore des renseignements des plus précis et des plus nombreux sur la topographie du Vieux Paris du XIIe au XVIe siècle.

2. « Hic ergo totius operis nostri limes sit et terminus. Quod quanto cum sudore, quantisque cum vigiliis ediderim, hi testes certi fidelesque esse poterunt, qui aditis monasterii nostri Sancti Germani a pratis archivis, chartarum, privilegiorum ac diplomatum (unde illud potissimum extraximus) copiam viderunt. » folio 199, verso, du manuscrit latin 12838.

pas eu le temps d'achever la copie de cette autre Chronique. Cette continuation nous a paru ne rien offrir de remarquable[1]. Le P. Bouillart l'a suivie, comme celle de Du Breul; mais il ne nous donne aucun renseignement sur le P. François Guignard[2].

IV. A partir du folio 221, on trouve dans le manuscrit que nous examinons : 1° des renseignements relatifs aux dignitaires de l'abbaye, à ses possessions territoriales; et 2° la copie d'un certain nombre de chartes, de diplômes et de bulles dont la plupart n'ont point de rapport avec l'abbaye de Saint-Germain. Il n'y a pas d'ordre rigoureux dans cette partie de l'ouvrage et les pièces sont interverties dans les divers manuscrits.

Nous signalerons dans la première partie de cette division de l'ouvrage les documents suivants : trois comptes de dépenses pour des constructions faites à l'abbaye de Saint-Germain-des-Prés de 1555 à 1557[3]; des détails curieux extraits d'anciens cérémoniaux, avec des notes du P. Du Breul; deux dénombrements des reliquaires, calices et joyaux de l'abbaye de Saint-Germain-des-Prés en 1562 et 1563, et de ceux qui y étaient encore en 1595[4]; la liste des propriétés qui appartenaient jadis à l'abbaye; et enfin le catalogue des abbés et celui des prieurs ou vicaires claustraux depuis l'introduction de la réforme de Chezal-Benoît en 1513 (folios 222 à 243).

On peut rattacher à ce qui précède trois extraits sur les charges que l'abbaye devait acquitter le jour de Saint-Vincent et qui se trouvent au folio 323 du manuscrit 12837.

C'est au folio 244 que se trouve la note qui concerne spécialement le P. Du Breul et dont nous avons fait usage ci-dessus.

La seconde partie se compose de vingt-quatre bulles des papes, diplômes ou chartes concernant les monastères ou prieurés de Saint-Maur-des-Fossés, Saint-Médard-de-Soissons, Saint-Bar-

---

1. C'est pourtant cette continuation qui nous apprend que Du Breul étant prieur pour la troisième fois, en 1597, fut contraint de vendre pour les besoins de la communauté la terre de Châtillon et ce que l'abbaye possédait à Fontenay. Ces biens furent acquis par Richard Tardieu, secrétaire du roy, pour la somme de quinze cents écus d'or et non pour cent cinquante, comme dit D. Bouillart, p, 209-210 (manuscrit 12837, folio 254, verso).

2. Nous n'avons pu trouver aucun détail sur ce religieux, si ce n'est qu'il est l'auteur d'une traduction française de la vie de saint Germain de Fortunat, conservée à la bibl. imp. sous le numéro 19524 du fonds français.

3. Voy. à l'appendice.

4. Voy. à l'appendice.

thélemi et Saint-Magloire à Paris, Brantôme en Périgord, Centule ou Saint-Riquier, Saint-Jean-des-Vignes de Soissons, Saint-Menou, Charenton, Saint-Laurent et le prieuré d'Yseure, tous quatre en Berry, l'abbaye de Saint-Pierre de Lyon et celle des religieuses de Montmartre. Parmi ces pièces qui occupent les folios 245 à 265 du manuscrit, celles qui concernent Paris et ses environs sont imprimées dans le *Théâtre des Antiquitez* et dans le Supplément latin ; parmi celles qui sont inédites, nous ferons remarquer cinq chartes relatives aux reliques de saint Jean-Baptiste, découvertes à Sébaste, l'antique Samarie, et à l'église de Saint-Jean-Baptiste de Nemours ; deux de ces chartes sont de Philippe-Auguste ; la dernière pièce est une bulle du pape Clément III [1]. Notons encore une bulle du cardinal d'Amboise, et une du pape Léon X, celle-ci relative à la réforme du monastère de Saint-Pierre de Lyon, dont les religieuses furent exclues à cause de leur mauvaise conduite et remplacées par des moines qui firent union avec la congrégation de Chezal-Benoît. L'acte est daté de Rome, le 9 juin 1516.

Après une table alphabétique assez étendue et fort commode pour les recherches, on trouve sous le titre de : *La vie et le trespas de monseigneur le cardinal de Bourbon l'aisné, archevêque de Rouen et 61e abbé de Saint-Germain-des-Prez* (folio 310-313), l'opuscule que Du Breul fit imprimer en 1612, sauf les deux derniers paragraphes de la page 12 de l'imprimé et la généalogie qui occupe les pages 13 à 15.

C'est à ce manuscrit 12838 que se rapportent les citations de la Chronique de Saint-Germain-des-Prés faites par D. Bouillart aux pages 22, 78 et 175 de son ouvrage, que nous avons déjà mentionné plusieurs fois. Il avait sous les yeux le travail de son devancier ; il le cite même fréquemment en marge, mais sans s'expliquer sur le mérite de l'ouvrage et sans indiquer quel secours il en a pu tirer. Chose remarquable ! Dom Bouillart a consacré près de deux pages in-folio au P. Du Breul ; il rapporte sa naissance, les dignités qu'il a occupées avec honneur, les ouvrages qu'il a composés ou publiés ; mais il ne dit pas un mot de la Chronique de Saint-Germain-des-Prés (pages 217-218). D. Bouillart se contente de citer, dans deux endroits, l'ouvrage en ces termes : la Chronique latine manuscrite de Jacques Du

---

1. Voy. à l'appendice.

Breul (pages 189 et 191). Nous ne voulons pas accuser D. Bouillart d'avoir cherché à étouffer par son silence le mérite de Du Breul; mais nous croyons qu'il aurait pu, sans se faire tort, accorder quelques éloges au labeur considérable de celui qui lui a, en définitive, ouvert la voie.

Mais si l'on compare attentivement les deux ouvrages, on s'apercevra facilement que celui de D. Bouillart est supérieur, en général, pour la manière de présenter les faits et de les grouper autour du principal d'entre eux, comme on peut le voir à propos du fief de Jonzac, pour lequel D. Bouillart a réuni tout ce qu'il avait à en dire, à l'époque de Charlemagne, tandis que dans Du Breul, les mêmes faits sont épars sous les différentes années auxquelles ils se rapportent, comme il convient dans une Chronique; il est vrai qu'il ajoute quelques détails qui n'ont pas été reproduits par D. Bouillart. Sauf ce passage et quelques autres, parmi lesquels nous placerons le récit de la célèbre émeute dirigée par l'Université en 1278, contre l'abbaye de Saint-Germain-des-Prés, et à laquelle Du Breul a consacré un long développement, il faut reconnaître cependant que Dom Bouillart est généralement plus complet parce qu'il a puisé à certaines sources nouvelles et qu'il a profité des grands travaux des érudits du dix-septième siècle. Ayant eu sur son devancier l'avantage d'arriver à une époque où les bases de la science avaient été renouvelées, Dom Bouillart est aussi plus exact; il a pu mettre dans son ouvrage une critique qui a manqué en certains endroits au P. Du Breul, par exemple pour la liste des abbés qu'il a tirée d'Aimoin, et pour la chronologie des Mérovingiens encore confuse au temps de Du Breul et dans laquelle Mabillon devait apporter la lumière.

Nous avons déjà parlé ci-dessus des digressions que le P. Du Breul a introduites dans sa Chronique, et qui rendent souvent fastidieuse la lecture de son ouvrage. On a pu juger du style par quelques extraits que nous en avons donnés; bien qu'il ne s'élève pas au-dessus du latin des érudits du temps, il nous a paru généralement clair et précis. Quant au fond même des idées, Du Breul allie à un profond respect pour les règles canoniques une grande indépendance de langage vis-à-vis des abbés qui s'en écartent et qui remplissent mal les fonctions qu'ils doivent à la faveur[1].

---

1. On peut voir ce que dit le P. Du Breul de Robert de Lespinasse, 64e abbé,

Il prêche à ses confrères l'attachement à leurs devoirs religieux et l'amour du travail, digne prédécesseur des laborieux érudits de la congrégation de Saint-Maur. Tel le P. Du Breul se montre dans ses ouvrages et principalement dans cette Chronique écrite pour les religieux de Saint-Germain-des-Prés. D. Bouillart nous apprend qu'elle fut traduite en français par D. Simon Millet, religieux de l'abbaye, qui vivait dans le même temps que le P. Du Breul[1].

Nous voici parvenus au terme de notre travail. Que résulte-t-il de l'étude à laquelle nous nous sommes livrés sur ce manuscrit et de la comparaison que nous avons faite de la Chronique manuscrite de Saint-Germain-des-Prés avec l'Histoire de la même abbaye publiée par D. Bouillart? Nous croyons avoir montré que la Chronique ne mérite pas aujourd'hui d'être imprimée, car elle n'était pas destinée à l'être, et elle a été dépassée par l'ouvrage de D. Bouillart. Mais il y avait, suivant nous, deux raisons de mettre en lumière ce remarquable travail du P. Du Breul, d'abord pour faire remonter jusqu'à lui l'honneur d'avoir conçu et mené à bonne fin un ouvrage traduit souvent par D. Bouillart, qui ne lui en a pas assez rendu grâce[2], et aussi pour recueillir un certain nombre de documents et de chartes encore inédits que nous joignons à notre travail[3].

Le Roux de Lincy & A. Bruel.

---

qui ne dut l'abbaye qu'aux ordres formels de Louis XI. On a vu ci-dessus comment notre auteur s'exprime à l'égard du cardinal de Tournon qu'il regarde comme un spoliateur des biens des religieux.

1. D. Bouillart, p. 189. Le manuscrit de cette traduction abrégée se trouve à la Bibliothèque impériale, fonds français, n° 19848. Il y en a une copie sous le n° 18815 du même fonds.

2. Peu avant le P. Du Breul, D. Quentin de Condé, religieux de Saint-Germain-des-Prés, mort à Rome en 1550, avait commencé une Chronique de l'abbaye et en avait laissé des notes dans lesquelles Du Breul trouvait des erreurs nombreuses (manuscrit 12837, folio 172).

3. Depuis la fin de ce travail, nous avons retrouvé dans l'inventaire des manuscrits de Saint-Germain-des-Prés, que vient de publier notre confrère M. L. Delisle, deux manuscrits de Du Breul : n° 13163 du fonds latin de la Bib. Imp. Copie du psautier de saint Germain (n. 11947) faite par J. Du Breul, en 1560, d'après une épître de sa main placée au commencement du ms.; et le n° 13258, Processionnal. Malgré la note mise en tête du volume, nous doutons fort que cette dernière copie soit de la main de Du Breul, mais il y a ajouté une table pour son usage et quelques notes.

APPENDICE.

I[1].

HÆC ME SOLUM HUJUS OPERIS SCRIPTOREM CONTINGUNT.

Anno Domini 1528, die Jovis, 17 mensis Septembris ego frater Jacobus Du Breul, Luteciæ Parisiorum, ad parvum pontem natus sum, sacroque fonte tinctus apud sanctum Severinum, primariam Universitatis ædem. Erat autem litera dominicalis D.

Anno ejusdem 1549, ætatis autem meæ 21, die 10 Julii, monasticum habitum in cœnobio suburbano sancti Germani a pratis suscepi : Existente ejusdem loci abbate commendatario R^{mo} domino, domino Francisco Turnonio, tunc temporis tituli SS. Petri et Marcellini presbitero Cardinali, et vicario seu priore claustrali Patre Petro Legier.

Sequenti anno, die 25 Julii, in festo scilicet translationis corporis beatissimi Germani, sub præfatis rectoribus solenni publicaque professione ad altare facta, me religioni perpetuo devovi; in qua Deus optimus maximus hanc mihi det perseverantiam, ut nec corpore nec voluntate unquam ad seculum redeam. Forma autem professionis quam feci, hæc est.

☧

In nomine Domini nostri Jesu Christi, amen. Ego frater Jacobus Du Breul, clericus urbis et diœcesis parisiensis, promitto stabilitatem meam et conversionem morum meorum, et obedientiam secundum regulam sancti Benedicti, sub congregatione Casalisbenedicti, coram Deo et omnibus Sanctis, quorum reliquiæ habentur in hoc monasterio divi Germani a pratis, territorii parisiensis; in præsentia venerabilis et religiosi viri fratris Petri Legier, vicarii reverendissimi in Christo patris et domini domini Francisci Cardinalis de Turnone vulgariter nuncupati, necnon et abbatis

---

1. La notice auto-biographique qu'on va lire est écrite de la main du P. Du Breul, au f° 244 du ms. latin 12838.

commendatarii ejusdem monasterii. In cujus rei fidem, hanc petitionem manu propria scripsi et signavi. Anno incarnationis ejusdem Domini nostri Jesu Christi, millesimo quingentesimo quinquagesimo, die 25 Julii.

J. Du Breul.

Anno Domini 1531, secunda die Aprilis, ante Pascha, à reverendo in Christo patre, Carolo, cognomento Boucher, Megarensi episcopo, necnon abbate Magloriano, qui in sacris ordinibus conferendis vices episcopi parisiensis gerebat, subdiaconus ordinatus sum.

Anno Domini 1533, die 10 Martii, ante Pascha, a reverendo patre Eustachio du Bellay, Parisiorum præsule, ad diaconatum promotus fui.

Anno Domini 1554, ætatis autem meæ vigesimo sexto, die 22 Decembris, a Magloriano abbate superius nominato sacerdotalem dignitatem suscepi : primamque missam celebravi in octava Epiphaniæ Domini, videlicet die 13 mensis Januarii. Eratque dies dominicus, et litera dominicalis f.

Anno Domini 1572, capitulum generale me Priorem claustralem seu vicarium regularem monasterii Brantholmiani, diœcesis Petragoricensis creavit. Ibidemque triennio completo, in abbatem Illidianum sublimavit. Ubi pariter triennium complevi atque in capitulo generali anno Domini 1578 celebrato dignitati cessi, habens successorem patrem Innocentium Gay.

Anno Domini 1580, die 27 Julii, obiit pater Guillelmus Pellaut, prior sancti Germani a pratis, cui me substituerunt patres Innocentius Gay, abbas Illidianus ac visitator, et convisitatores Sebastianus Guerrel, abbas Casalinus et Henricus le Royer, abbas Sulpicianus.

Anno Domini 1589, denuo me absentem, nihilque minus expetentem Patres in monasterio Sulpiciano capitulum generale celebrantes priorem sancti Germani constituerunt. Sed biennio inde exacto, quum Lutecia rerum penuria belloque premeretur, nec mihi ad nostros liber esset reditus, depositioni meæ institi, eamque in cœnobio Vincentiano. (quo tunc capitulum generale habebatur) ex gravi morbo nondum convalescens obtinui.

Anno Domini 1592, die quinta Octobris, beatis martyribus Placido sociisque ejus sacra, obiit venerabilis pater Nicolaus

Hureau, abbas Illidianus, professione Martinianus. In cujus locum me ad sanctum Vincentium Cenomanensem commorantem suffecerunt pater Ægidius Nauldier, dicti sancti Vincentii abbas atque visitator nostræ congregationis, et convisitatores abbates Casalinus et Sulpicianus. Adeo mihi semper fortuna adversa est, ut me mei duntaxat, non aliorum curam gerere, et subesse potius quam præesse non sinat.

Anno Domini 1594, Patres capituli generalis ad Sanctum Vincentium congregati, non audentes illustrissimo Principi ac R^{mo} Cardinali, Carolo Borbonio, meum reditum ad sanctum Germanum (ubi gravi ægritudine laborabat) per literas postulanti contradicere, me fasce abbatiali levarunt, hanc in patrem Antonium Faulchier, habitu et professione Illidianum transferentes.

Anno Domini 1597, capitulum generale in monasterio Sancti Martini Sagiensis celebratum, me pro tertia vice priorem Beati Germani a pratis constituit.

Obiit 1614, die 17° Julii, sepultus in capella Sanctæ Margaritæ [1].

---

1. Ce dernier alinéa a été ajouté d'une autre main dans le ms. 12837.

II.

I

Charte de Guillaume, patriarche de Jérusalem, sur la découverte des reliques de saint Jean-Baptiste à Samarie, depuis nommée Sébaste.

1145.

(Fol. 222 du ms. 12,838).

Willelmus Dei gratia sanctæ Jerusalem patriarcha, dilectis in Domino archiepiscopis, episcopis, omnibusque sanctæ matris ecclesiæ prælatis et filiis, salutem et patriarchalem benedictionem. Vox lætitiæ et exultationis facta est in terra nostra; per quam via vitæ reserabitur, et peccatorum veniam divina nobis clementia largietur. Ideo gaudete in Domino, iterum dicimus gaudete charissimi : et hæc nostræ lætitiæ et exultationis jocunditas nota sit vestræ charitati. Si quidem super nos oculos suos advertit, quæ sperantes in se non derelinquit, divinæ bonitatis propiciatio, et non per nostra merita, sed suæ miserationis per viscera visitavit nos oriens ex alto. Mirabilis enim thesaurus a seculo absconditus, a nobis et fratribus nostris tam archiepiscopis quam episcopis, aliisque quamplurimis, licet indignis, operante Domino est inventus. Præcursoris etenim Domini et martyris beati Joannis Baptistæ sacrosanctæ reliquiæ, dudum a Juliano apostata cum apud Samariam venisset, igni traditæ, et in ventum projectæ, postmodum autem a quibusdam fidelibus qui interfuerunt, debita cum devotione, cum carbonibus et pulvere undique collectæ, et in argentea theca repositæ, a nobis licet indignis sunt repertæ. Super hoc dilectissimi, vos nequaquam dubitare volumus; sed verum esse quod dicimus, certis inditiis et probatissimis argumentis ostendere cupimus. Nam in præfata theca ossa adhuc semiusta apparere, et cum carbonibus et pulvere sacrosanctas reliquias jacere testificamur. Reliquias etiam sancti Helisæi prophetæ et Abdiæ, multorumque prophetarum et patriarcharum (ut credimus) cum beati Joannis Baptistæ reliquiis reperimus. Præ gaudio itaque tantæ beatitudinis, diem solemnem nonas... constituimus et in spe divinæ clementiæ, et fiducia beati Joannis Baptistæ, et aliorum prophetarum relaxationem pœnitentiarum criminalium... omnibus cum devotione et pœnitentia locum istum visitantibus, et fraternitatem ecclesiæ recipientibus concessimus. Monemus autem, charissimi, et obsecramus in Domino, quatinus restaurandæ præcursoris Domini ecclesiæ, vestræ charitatis abundantia subveniat; ut cum in districto examine defeceritis, ipse vos in æterna mansione sua intercessione gloriosa collocet. Omnibus vero ad locum eundem in tribus festivitatibus, prædictæ scilicet inventionis, nativitatis, decollationis, devote convenientibus, et ad restaurandam ecclesiam beneficia sua conferentibus, de Dei auctoritate, et præcursoris Domini intercessione confisi, quadraginta dies injunctæ pœnitentiæ condonamus. Facta est hæc inventio anno ab incarnatione Domini 1145.

Huic chartæ appensum est sigillum plumbeum, habens ab una parte imaginem patriarchæ Hierosolymitani et in circuitu scriptum *Willelmus patriarcha;* in altera, quædam facies (Christi forsan) apparet, cum tali scriptura : sepulcrum Domini Jesu-Christi.

II

Charte d'Eudes, abbé de Sainte-Geneviève, concernant l'échange
d'Ermengarde, serve de cette abbaye, contre Benoîte,
serve de l'abbaye de Saint-Germain-des-Prés, pour faciliter deux mariages.

(Sans date, mais de 1147 à 1148).

(Fol. 122 du ms.).

In nomine sanctæ et individuæ trinitatis. Ego Odo Dei gratia abbas Sanctæ Genovefæ, et cæteri fratres nostri, communi consilio concessimus, quod quædam ancilla Sanctæ Genovefæ, nomine Ermengardis, filia Guidonis, majoris de Fontineto, cuidam servo Sancti Germani, nomine Everardo, filio Petri et Hersendis, uxor daretur; quam Ermengardem ab omni jugo servitutis, qua nobis astringebatur absolvimus, et ut fieret ancilla Sancti Germani de Pratis, et in eam legem servitutis, in qua maritus suus est, transiret concessimus. Sed Hugo venerabilis abbas Sancti Germani, et ejusdem monasterii venerabilis conventus, mutuam vicissitudinem reddentes, concesserunt cuidam servo nostro, nomine Engelberto de Fontineto dari uxorem quandam ancillam Sancti Germani, nomine Benedictam et absolventes eam a jugo pristinæ servitutis, concesserunt fieri ancillam ecclesiæ nostræ, et in eam legem servitutis transire, in qua est maritus suus. Ut autem hujus alternæ mutationis concessio imposterum permaneat, literas inde fieri decrevimus. Et ipsi nobis suas, cum sui sigilli auctoritate, et nos eis nostras cum nostri auctoritate sigilli tradidimus [1]. S. Odonis abbatis. S. Hugonis prioris. S. Henrici subprioris. S. Guillelmi, S. Henrici presbyterorum. S. Andreæ, S. Guillelmi diaconorum. S. Lodoici, S. Fulcardi subdiaconorum. Ego Albericus cancellarius subscripsi.

III

Bulle du pape Clément III, dans laquelle il prend sous la protection du Saint-Siège l'église Saint-Jean-Baptiste de Nemours et les religieux de Sébaste.

20 Décembre 1188.

(Folio 224 du ms.).

Clemens episcopus, servus servorum Dei, dilectis filiis canonicis de Nemos et fratribus Sebastensis ecclesiæ, salutem et apostolicam benedictionem. Sacrosancta Romana ecclesia devotos et humiles filios ex assuetæ pietatis officio diligere propensius consuevit, et ne pravorum hominum molestiis agitentur, eos tanquam pia mater est solita suæ protectionis munimine confovere. Ea propter, dilecti in Domino filii, vestris justis postulationibus annuentes, loca in quibus divino occupati estis obsequio, et personas vestras, cum omnibus bonis tam ecclesiasticis quam mundanis, quæ impræsen-

---

[1]. La charte de l'abbé de Saint-Germain-des-Prés, contre-partie de celle-ci, a été transcrite dans le cartulaire encore manuscrit de Sainte-Geneviève au folio LXXXVIII v°. Cette pièce est également sans date ; mais le synchronisme de Hugues V de Crespy, abbé de Saint-Germain-des-Prés dès 1147, et d'Odon Ier abbé de Sainte-Geneviève, mort en 1148, nous a permis de déterminer l'époque de cet échange.

tiarum juste et pacifice possidetis, aut in futurum justis modis præstante Domino poteritis adipisci, sub beati Petri et nostra protectione suscipimus, et præsentis scripti patronicio communimus. Statuentes ut si in aliquo vos gravari senseritis, vobis libere sedem apostolicam liceat appellare. Nulli ergo omnino hominum fas sit personas seu bona vestra temere perturbare, aut hanc paginam nostræ protectionis infringere, vel ei ausu temerario contraire. Si quis autem hoc attemptare præsumpserit, indignationem omnipotentis Dei et beatorum Petri et Pauli apostolorum ejus se noverit incursurum. Datum Laterani 13 kalendas Januarii, pontificatus nostri primo. Erat autem, secundum chronographos, annus Christi 1188.

His litteris sigillum plumbeum filis sericis est appensum, habens ab una parte SS. Petri et Pauli capita impressa, et ab altera scriptum : Clemens PP. III.

IV

Lettres patentes de Philippe-Auguste confirmant la donation de 20 livres de revenu concédées par le roi
Louis VII, son père, à l'église de Sébaste.

1189 [1].

(Fol. 223 v° du ms).

In nomine sanctæ et individuæ trinitatis, Amen. Philippus Dei gratia Francorum rex. Noverint universi præsentes pariter et futuri, quoniam ea quæ genitor noster, bonæ memoriæ rex Ludovicus, ob animæ suæ et prædecessorum suorum remedium contulit domui Sancti Joannis de Sebastea et fratribus ibidem Domino famulantibus, sicut in authentico patris nostri eis super his indulto continetur, concedimus. Et ut perpetuum robur obtineat, præsentem paginam sigilli nostri auctoritate, ac regii nominis karactere inferius annotato præcepimus confirmari. Actum apud Fontem Blaaldi, anno incarnati verbi 1189, regni nostri anno decimo. Astantibus in palatio nostro, quorum nomina supposita sunt et signa. S. Comitis Theobaldi dapiferi nostri. S. Guidonis buticularii. S. Matthæi camerarii. S. Radulphi constabularii.

Data vacante cancellaria.

1. Cette pièce est citée dans D. Morin, *Hist. du Gâtinais*, p. 311.

V

Lettres patentes de Philippe-Auguste
prenant sous sa protection l'église de Saint-Jean de Nemours.

Février 1189 (ancien style)[1].

(Fol. 224 du ms).

Philippus Dei gratia Francorum rex, amicis et fidelibus suis, et præpositis et ballivis suis, ad quos litteræ istæ pervenerint, salutem. Noverit universitas vestra, quoniam ecclesiam de Nemosio, cum universis ad eam pertinentibus (quæ ecclesia membrum est ecclesiæ sancti Joannis Sebastensis) in custodiam et protectionem nostram suscepimus, quantum de ratione possumus. Unde et vobis tam universis quam singulis mandamus et præcipimus, quatinus prædictam ecclesiam pro posse vestro ab omni vexatione defendatis, cum universis pertinentiis suis, quantum de jure et ratione poteritis. Actum anno incarnati verbi 1189, mense februarii.

VI

Lettres d'Eudes de Sully, évêque de Paris, qui permet d'ériger une chapelle à Choisy-le-Roi.

Août 1207.

(Fol. 110 du ms).

Odo Dei miseratione Parisiensis episcopus, omnibus ad quos istæ literæ pervenerint, in Domino salutem. Notum facimus quod abbas et conventus beati Germani de Pratis quandam plateam prope Sequanam apud Choisiacum, ad ædificandam ibi capellam, in qua homines de Choisiaco divina audiant, (salvo jure parrochialis ecclesiæ de Theodasio), concesserunt. Hoc modo, quod omnes habitatores ejusdem villæ presbitero ecclesiæ de Theodasio, vel capellano qui sub ipso in eadem capella deserviet, dimidiam minam frumenti (sicut condictum est etiam inter eos), annuatim infra beati Remigii festum solvere tenebuntur quilibet de sua masura; donec ipsum bladum, vel valor bladi possit alibi (si opus

---

1. Cette pièce est citée dans D. Morin, *Hist. du Gâtinais*, p. 310.

fuerit), competentius assignari. Ecclesia vero beati Germani de Pratis, ad quam jus patronatus in ecclesia de Theodasio matrice ecclesia pertinere cognoscitur, secundum quod percipit in matrice ecclesia, percipiat in ipsa capella, compensatis facultatibus utriusque. Eadem vero capella nec cimiterium, nec fontes habebit. Quod nos ratum habentes, præsentem chartam de voluntate eorum, quos prænotavimus, notari et nostri sigilli testimonio fecimus roborari. Actum anno gratiæ millesimo ducentesimo septimo, mense augusto.

VII

Quittance de l'Université pour la somme de 400 livres reçues du prévôt de Paris pour l'indemnité fixée par le roi au sujet des dommages causés par les gens de l'abbaye Saint-Germain-des-Prés, pendant l'émeute de 1278.

4 Mai 1279.

(Fol. 140 verso du ms).

Universis præsentes litteras inspecturis, universitas magistrorum, et scholarium Parisius studentium, salutem in filio Virginis gloriosæ. Noveritis nos quater centum libras turonensium a præposito Parisiensi, (secundum ordinationem domini Philippi regis Francorum illustris factam, occasione contentionis ortæ inter nos et religiosos viros abbatem et conventum Sancti Germani de Pratis Parisiensis), recepisse anno domini 1279, die jovis post festum apostolorum Philippi et Jacobi. De qua pecuniæ summa prædicta tenemus nos plenarie pro pagatis; et de qua pecuniæ summa prædicta, prædictos abbatem et conventum absolvimus penitus et quittamus. In cujus solutionis et receptionis memoriam perpetuam, præsens scriptum sigillo communi universitatis nostræ prædictæ fecimus communiri. Datum anno et die jovis prædictis [1].

1. Une des deux victimes de la sédition de 1278, Gérard de Dolé, fut enterré dans l'église de Sainte-Catherine-du-Val-des-Écoliers et dans la chapelle de Saint-Jean-Baptiste. Ensuite son tombeau fut reporté à la partie occidentale du cloître, où il se voyait au temps de Du Breul, non loin de la porte qui conduit à la cour du monastère. Il porte l'habit et la tonsure du religieux. Voici l'épitaphe :
Ici gist Girard de Dolé, clers, qui fu ocis à Sainct-Germain-des-Prez à tort de la gent à l'abé. Priez por s'ame. Anno domini M. CC. LXXVIII.
(Du Breul, *Chronica*, ms. 12838, f° 140).

VIII

Lettres de Pierre (de Courpalay), abbé de Saint-Germain-des-Prés,
décidant que chaque année l'abbé
donnerait aux religieux une tunique et une paire de souliers.

28 Mai 1323.

(Fol. 146 verso du ms).

Universis præsentes literas inspecturis, Petrus divina permissione monasterii Sancti Germani de Pratis juxta Parisius abbas humilis, et totus ejusdem loci conventus, salutem in Domino sempiternam. Noverint universi, quod nos attendentes ex intimis et pietatis intuitu considerantes tenuitatem ac indigentiam vestimentorum fratrum nostrorum in conventu residentium, charitativa, diligentique in capitulo nostro generali inter nos deliberatione præhabita, voto et consensu unanimi, tam propter necessitatem, quam etiam propter honestatem ordinavimus, quod perpetuis temporibus quilibet monachus de conventu habeat unam tunicam de panno regulari et sufficienti, singulis annis in festo beati Remigii, et cum hoc unum par socularium regularium, in festo omnium sanctorum, ultra id quod solitum est dari ex officio camerarii. Quæ omnia abbas qui fuerit pro tempore tenebitur ministrare per se, vel per officialem suum, ad hoc specialiter deputatum, de redditu seu pecunia annuatim debita seu assignata pro domo de Gylliaco, cum suis pertinentiis per sedem apostolicam in Cistercienses translata. Et ne tam necessarium, charitativumque subsidium corporibus exhibitum a memoria futurorum excidat, divinum cultum ampliare cupientes, prompte ac devoto animo instituimus et ordinavimus de novo unam missam qualibet die ad altare beatæ Mariæ Virginis in ecclesia nostra per monachum celebrandam; videlicet in hebdomada qualibet tres de gloriosa Virgine, tres de beato Joanne Baptista, et unam pro fidelibus defunctis. Quæ omnia in scriptis ad perpetuam rei memoriam fecimus redigi, et ut inviolabiliter serventur, sigillorum nostrorum appensione muniri. Actum in capitulo nostro generali, in festo beati Germani, gloriosi patroni nostri, ut moris est, solenniter celebrato, anno domini 1323, mense mayo.

IX

Lettres de l'évêque de Paris Guillaume (VI), au sujet de l'hôpital de Villeneuve-Saint-Georges.

25 Juillet 1458.

(Fol. 191 du ms. lat. 12837).

Guillermus miseratione divina episcopus Parisiensis, universis præsentes literas inspecturis, salutem in Domino. Cum in villa seu loco, qui dicitur Villa Nova Sancti Georgii nostræ diocesis, vir venerabilis magister Simon le Bourelier, domini nostri regis notarius et secretarius, graphiariusque in sua camera computorum Par[isiensi] ex sincera ad pauperes Christi et peregrinantes, charitativaque devotione, de licentia venerabilis patris domini Hervei, abbatis Sancti Germani de Pratis juxta Parisius, dicti loci asserti domini temporalis, suis sumptibus construi fecerit domum honestam et formam capellæ cujusdam ad modum pii hospitalis, in quo ipsi pauperes transeuntes vias, peregrinantes et infirmi valeant recipi, divina audire officia, foveri et charitative tractari; nos instante dicto abbate, jurique ad eum spectanti in loco et villa præfatis, et qui in ecclesia parrochiali ejusdem jus præsentationis ut patronus habere dinoscitur, nullatenus præjudicare volentes, tenore præsentium volumus, consentimus et declaramus, quod capella ibidem constructa, dum dotata fuerit, et in titulum beneficii erecta, ad dicti venerabilis abbatis præsentationem suorumque ibidem successorum abbatum perpetuo libere spectet, sic et quemadmodum jus patronatus in parrochiali ecclesia dicti loci ad ipsum abbatem perpetuo pertinere; nobis et successoribus nostris episcopis Parisiensibus collatione reservata; salvo in aliis jure nostro et in omnibus jure quolibet alieno.

Datum Parisius sub sigillo cameræ nostræ, anno Domini 1458, die 25 mensis julii.

X

Lettres de la dédicace de l'église de Thiais, par Louis de Beaumont de la Forêt, évêque de Paris.

8 Août 1484.

(Fol. 194, v° du ms. lat. 12837).

Ludovicus Dei et sanctæ sedis apostolicæ gratia episcopus Parisiensis, universis et singulis Christi fidelibus præsentes nostras literas inspecturis, salutem in Domino sempiternam. Ad illa devotionis opera libenter inclinamus, pastorali solicitudine arctati, quibus pia Christi fidelium vota, eorumque salubria desideria in divini cultus augmentum inardescunt, et quæ Dei et sanctorum sanctarumque concernunt gloriam pariter et honorem. Sane cum sacræ scripturæ traditionibus constet templa, quæ domus Dei sunt, in quibus nomen suum sanctissimum invocari instituit, necnon peccatorum maculas deleri, et hominibus gratiam conferri decere sanctitudinem ; ad ipsa dedicationis et consecrationis templorum explenda mysteria, quæ Salomon ipse septem diebus celebrasse legitur, eo ferventius intendimus, quanto ex his Dei gloriam, sanctorum honorem, cultusque divini et devotionis fidelium augmentum et animarum salutem uberius provocare conspicimus ; hujus itaque mysterii intuitu devotioneque moti, dilecti nobis in Christo matricularii, cœterique parrochiani et habitatores ecclesiæ parrochialis de Theodasio nostræ diœcesis, nobis humiliter supplicarunt, quatenus in honorem Dei omnipotentis, beatæ Mariæ Virginis et sanctorum Egidii et Lupi, sub quorum vocabulo dicta ecclesia extitit insignita et erecta, hujusmodi parrochialem ecclesiam jamdudum constitutam, nondumque consecratam dedicare, et sub eorundem sanctorum Egidii et Lupi prædictorum vocabulo consecrare dignaremur. Nos itaque præmissorum et aliorum nos pie moventium consideratione, devotis ipsorum supplicantium petitionibus inclinati, die datæ præsentium prædictam parrochialem ecclesiam in honorem omnipotentis Dei, beatæ Mariæ Virginis, beatorum Egidii et Lupi, omniumque sanctorum et sanctarum, sub eorundem sanctorum Egidii et Lupi vocabulo, spiritus sancti nobis suffragante gratia, dedicavimus et consecravimus ; in eademque sex altaria, primum scilicet et principale in sanctissimæ Trinitatis ac memoratorum sanctorum Egidii et Lupi, secundum vero in honorem beatæ Mariæ, tertium sancti Ludovici, quartum beati Jacobi, quintum beatæ Margaritæ, et sextum beati Thomæ apostoli, honorem et reverentiam duximus consecranda et consecramus, assistentibus nobiscum ibidem et præsentibus, atque ad dedicationem hujusmodi convenientibus quamplurimis tam ecclesiasticis quam secularibus notabilibus viris et aliis utriusque sexus in multitudine copiosa personis. Statuentes et ordinantes tenore præsentium hujusmodi ecclesiæ dedicationis festum de cœtero annuatim imperpetuum celebrandum proxima dominica ante festum Assumptionis beatæ Mariæ Virginis. Nos vero præmissorum intuitu, cupientes ecclesiam ipsam sacro munere dedicationis et consecrationis insignitam a Christi fidelibus posthac peramplius venerari; et ut Christi fideles ipsi eo libentius devotionis et peregrinationis causa eandem confluant, et de bonis a Deo sibi concessis uberius largiantur, quo amplioribus gratiarum donis conspexerint se refectos; de omnipotentis Dei misericordia, beatissimæque et gloriosissimæ Virginis Mariæ, ejus genitricis, protectricis nostræ, necnon beatorum apostolorum Petri et Pauli, ipsorumque beatorum Egidii et Lupi, ac omnium sanctorum et sanctarum meritis et intercessione confisi, omnibus et singulis utriusque sexus Christi fidelibus prædictis vere pœnitentibus et confessis, qui celebritatis dedicationis ecclesiæ prædictæ in festivitate sæpedictorum sanctorum Egidii et Lupi, necnon singulis dominicis diebus Quadragesimæ, Paschæ, Pentecostes, Nativitatis, Circuncisionis, Epiphaniæ, Ascensionis Domini, et Omnium Sanctorum diebus, pro qualibet ipsarum dierum quadraginta dies; in aliis vero diebus per totius anni circulum devotionis, peregrinationisve causa, dictam ecclesiam devote visitantibus, et ad ipsius restaurationem, conservationem, et augmentum manus adjutrices porrigentibus, viginti dies de injunctis sibi pœnitentiis misericorditer in Domino relaxamus præsentibus, futuris, perpetuis temporibus duraturis. Datum apud dictam ecclesiam, sub sigillo cameræ nostræ. Anno Domini millesimo quadringentesimo, octuagesimo quarto, die dominica, octava augusti.

Sic signatum : Sœulay.

XI

Mises faictes par le Père Gervais Galloys [1], Prieur,

Depuis le 28ᵉ Octobre 1555, jusques au 18ᵉ Octobre 1557,

Pour le bastiment d'un costé de cloistre et la librairie au-dessus.
(f° 226 du ms. 12838).

Baillé à maistre Antoine d'Arthois, architecte pour le bastiment neuf du cloistre et de la librairie.   IIII^{mil} II^{cc} XXIX l. V s. VIII d.

Item baillé à un maistre charpentier pour avoir faict toute la charpenterie et pour le payement des jurez qui l'ont visitée. . . . . VIII^{cc} XXXI l. XV s. VIII d.

Item baillé à un maistre couvreur pour avoir couvert ledit bastiment, fourny de lattes, plastre et clou .   IX^{xx} XII l. t.

Item pour l'achapt de douze milliers, huict centz de tuilles, et quarante-une festieres, oultre la forniture rendues ceans, au pris de neuf livres dix s. t. le millier. .   VI^{xx} IIII l. XIIII s. VI d.

Item pour sept yeux de beuf, de terre à potier, à mettre sur la couverture de la librairie. . . . . . XLII s.

Item pour unze toises de goultiere mise audit bastiment et pour le chariage et clou. . . . . . VIII l. V s.

Item baillé au serrurier, pour toute la ferrure qu'il a faict audit bastiment. . . . . . LX l. X s. VII d. t.

Item au menuisier pour ce qu'il a faict audit bastiment. . . . . LXI l. XV s.

Item baillé à un potier de terre, pour avoir faict en ladite librairie cinquante-une toises et demie de pavé, en fournissant de toutes matieres, sans comprendre ce qui estoit desjà faict et le pavé qui a esté baillé de ceans . . . . IIII^{xx} XVI l. XV d.

Item pour l'achapt de quatre-vingtz-un liens de verre, à neuf s. t. le lien et pour le vin des compagnons.   XXXVI l. XIIII s. t.

---

1. Voici comment Du Breul s'exprime au sujet de ce religieux dans la liste des prieurs ou vicaires claustraux, que sa longueur nous empêche de reproduire en entier : « Pater Gervasius Le Galloys germanicus, qui annis quinque, mensibus septem præfuit, bibliothecam pulcherrimam cum porticu monasterii exstruere fecit, qui etiam ornamenta ecclesiæ, circuitum capituli et multa alia facienda curavit. Obiit in monasterio monialium Sancti Petri Lugdunensis 1570. » Il fut prieur à Saint-Germain de 1553 à 1557. **Ms.** 12837, fol. 337 v°.

Item pour un cent de plomb et quelque peu d'estain pour les verrieres de ladite librairie. . . . . VII l. IIII s. t.

Item pour avoir faict dix toises de pavé, tant en l'allée de la procession qu'au cloistre. . . . . IIII l. XVI s.

Item baillé aux compagnons qui faisoient les voultes du cloistre, oultre le marché de maistre Antoine . . . . VI l. t.

Item pour l'achapt de huict muidz de plastre, ou environ, employez audit bastiment, oultre le premier marché. Et pour le masson, qui a mis en œuvre ledit plastre, à plusieurs fois et divers lieux . . . . . XLVIII l. XVII s. t.

Item baillé pour le vin des marchez, deniers à Dieu, pour avoir dressé le devis dudit bastiment, avoir estayé le cloistre et visité par quatre jurez, qui y furent plusieurs fois. Et pour le vin des compagnons charpentiers et aultres menus deniers baillez pour les massons, tailleurs, etc. . . . . XXV l. XV d.

Item baillé au menuisier pour tous les chassis de bois faictz en la librairie, au pris de cent s. le chassis. . . . LX l. t.

Item au serrurier pour la ferrure desdits chassis et verges de fer pour les verrieres. . . . . . XLVI l. t.

Item baillé au masson, pour avoir faict attacher tous les susdits chassis et fourny de plastre. . . . . IIII l. t.

Item en cent livres de plomb pour les verrieres de ladite librairie. . . . . . . V l. X s. t.

Pour le port dudit plomb jusques ceans. . . II s. VI d.

Item au serrurier pour avoir livré dix verges pour les verrieres de la barberie et aultres petites choses . . . . XV s.

Item pour un treillis de fil de richart (sic), contenant cinquante piedz, à deux s. VI d. le pied, pour mettre à la cousturerie. VI l. X s.

Item pour un huis fort, servant à la librairie. . XLVII s. t.

Somme totale des mises cy-dessus mentionnées . . .
. . . . . . V^{mil} VIII^{cc} LX l. VI s. V. d. t.

Aultres mises faictes par ledit Pere Gervais Galloys, depuis le XXIIe Octobre 1557 pour la reedification et decoration de la porte du convent.

Baillé à maistre Antoine, masson, pour ce qui a esté faict en la porte du monastere, de son mestier. . . LXIIII l. X s. t.

Item pour la façon de trois grandes images en pierre, pour mettre sur ladite porte. . . . . . VII l. IIII s. t.

Item baillé à un couvreur, pour avoir descouvert et osté la tuille de la porte, l'ardoise de dessus la cloche. . une demie queue de vin.

Et pour avoir recouvert tout le pan de mur de ladite porte, fourny d'ardoise, lattes, plastre et clouz. . . XXX l. t.

Item baillé au menuisier pour les deux pans de la grande porte du monastere et pour la petite. . . . . XXX l.

Item pour la ferrure desdites portes. . . XVIII l. t.

Item en grosses pieces de bois pour faire la couverture de ladite porte. . . . . V l. XV s. t.

Item pour la façon de ladite charpenterie. . . V l. t.

Item en plomb employé à ladite couverture. . XXXVII s. t.

Item pour avoir couvert le petit clocher de la porte, fourny d'ardoise, faict toise et demie de couverture, oultre le premier marché. . . . . IX l. X s. t.

Somme totale des mises faictes pour la porte neufve du convent. . . . . VIII^{xx} XI l. XVI s. t.

Mises du grand aultel commencé à rebastir l'an 1536, et achevé en l'an 1537.

Premierement, baillé à maistre Antoine d'Arthois, pour la massonnerie. . . . . . VIII^{cc} IIII^{xx} IX l. XV s.

Item au menuisier. . . . . . III^{cc} l. t.

Item au fondeur pour la crosse et quatre colomnes : Mil XLVIII l. t.

Plus, pour les quatre candelabres à branches. . VII^{xx} VI l. t.

Pour la perte qu'a eu le fondeur. . . . L l. t.

Item au serrurier. . . . . LXIII l. VI s. VI d.

Item au paintre (oultre la nourriture de luy et de ses gens). . . . . III^{cc} X l. t.

Pour le vin des serviteurs. . . . XXII s. VIII d.

Somme totale. . . . II^{mil} VIII^{cc} VIII l. IIII s. II d. [1]

---

1. Ce compte de dépenses a été indiqué, d'après le ms. 12838, par M. Alf. Franklin dans le tom. I des *Anciennes Bibliothèques de Paris*, in-4° 1867, page 169. Il donne aussi le passage correspondant de la chronique de Du Breul et ajoute d'après D. Tassin (*Histoire littéraire de la congrégation de Saint-Maur*, préface p. IX, qu'en 1655 (lisez 1635), le R. P. D. Grégoire Sarisse (lisez *Tarisse*), supérieur général, ayant fait réparer la voûte du grand côté du cloître de l'abbaye, fit mettre au-dessus de la bibliothèque. Les livres ne restèrent pas même un siècle dans l'emplacement qui leur avait été préparé, puisque sur le plan de 1723 la bibliothèque se trouve au-dessus du réfectoire. (Voy. D. Bouillart, 2e planche).

XII

Denombrement des reliquaires, calices et joyaulx d'argent de l'Abbaye
de Saint-Germain-des-Prez, qui ont esté vendus
ès années 1562 et 1563.

(Fol. 230 du ms.)

Par devant Messieurs Denetz et Camus, notaires au Chastelet de Paris, par la permission de monseigneur le R^{me} Cardinal de Bourbon, abbé commendataire de l'abbaye Monsr Sainct-Germain-des-Prez-lez-Paris, en la presence de son grand vicaire, maistre François Audrand, furent livrées et vendues les pieces des reliques de ladite abbaye, comme il s'ensuict, par les freres religieux depputez et eleuz par le convent de ladite abbaye, c'est assavoir frere Mathieu Bridou, soubprieur, frere Guillaume Paulmier, secretain, et frere Pasquier Blondel, procureur et receveur, à sire Jehan Foucault et Claude Prevost, maistres orfevres de ladicte ville de Paris, au pris de seize livres le mar, tant doré que blanc, à la charge qu'il y en aura les deux tiers dorez et l'aultre tiers blanc ; et s'il y en a plus d'un tiers de blanc, il en sera accordé.

Et premierement :

Le viel calice garny de sa patene et cuillier, pesant 3 mars moins 2 gros.

L'image sainct Vincent avec son pied et quelque autre petite piece, pesant le tout 14 mars, une once et demye.

L'image saincte Marguerite, sans le menton enchâssé, qui n'a esté vendu, pesant 10 mars, 2 onces et 2 gros.

L'image sainct Germain, pesant 12 mars, moins 2 onces, sans sa petite mitre, pesant environ 4 onces; par quoy, le tout pesant 12 mars, 2 onces.

La crosse pesant 21 mars, 6 onces, sur laquelle piece fault rabatre 5 mars, une once et demie, et 2 gros de tare, pour le cuivre et leton et aultres ordures trouvées dedans ladite crosse ; par quoy ne reste que 16 mars, 4 onces et 2 gros.

Le tout monte à 56 mars, une once et demie et 2 gros, qui valent audit pris de 16 livres le mar, 899 l. 10 s. t. et vendus ausdits orfevres le 19e jour de juin 1563.

Pour ce, icy. . . . . . 899 l. 10 s. t.

De quoy lesdits orfevres, audit jour, en la presence desdits notaires, en livrerent six cents livres, et le reste bientost après.

Plus, ont esté vendues ausdits orfevres les pieces qui s'ensuivent :
La grande paix, pesant (rabatu la tare) 3 mars.
Deux aultres petites paix, pesans 3 onces.
La croix d'argent, pesant 3 mars, 4 onces.
Somme : 6 mars, 7 onces, vallans 110 l. t.
La châsse sainct Leufroy de bas alloy, pesant 14 mars, à 12 l. le mar, revient à la somme de 168 l. t.
Le grand calice, pesant 8 mars, moins une once, qui valent 138 l. 10 s. t.
Nota que les susdits orfevres ont revendu ledit calice aux marguilliers de la parroisse Sainct-Leu et Sainct-Gilles à Paris, au pris de 22 livres le mar, par quoy ils y ont gangné environ 37 l. 10 s. t.
Les petitz flascons dorez servanz de burettes avec la boytte, vendus à mons^r de Sainct-Fuscian, grand vicaire, pesans 2 mars, à 18 l. le mar, valent 36 l. t.
23 cuilliers d'argent, vendues ausdicts orfevres, pesans 3 mars, moins 3 onces, à 15 livres le mar, valent 43 l. 2 s. 6 d.
Somme : 385 l. 12 s. 6 d. t.
Et joinct avec les susd. cent dix livres font ensemble 495 l. 2 s. 6 d.
Qui est en somme totale 1395 l. 2 s. 6 d. t.
Daventage auparavant avoient esté vendus le 16 decembre 1562, au maistre des mounoyes, nommé Riberolles (comme appert par sa quictance), les pieces qui s'ensuivent par lesdicts religieux, deputez par le convent. C'est assavoir :
Le chef saincte Nathalie.
Une petite image Notre-Dame avec son pied.
Une image sainct Pierre[1].
Une petite image d'ange ; le tout d'argent doré et pesant ensemble 39 mars, deux onces et trois gros, au pris de 16 l. le mar, montant ensemble à 628 l. 15 s. t.
Le tout que dessus vendu, monte à la somme de deux mil vingt trois livres dix sept s. t. ; à quoy s'accorde la quictance de frere

---

1. Le chef de saincte Nathalie pesoit 18 mars, 6 onces et demye l'image; Notre-Dame, 9 mars, 3 onces; l'image sainct Pierre, 10 à 12 mars. Voyez le dénombrement des reliques, faict en l'an 1501, lequel est en un sac au depos. (Note de Du Breul).

Michel Houel, soubcellerier, qui a receu lesd. deniers, et en a rendu compte aux Peres Senieurs, comme il les avoit employez aux reparations des detrimentz et demolitions de nostre ferme d'Antoigny.

Pour ce icy. . . . . . 2^{mil} 23 l. 17 s. t.

XIII

Denombrement des reliquaires, calices et joyaulx qui estoient encores en la secretainerie de Sainct-Germain-des-Prez, en l'an 1595.

(Fol. 231 du ms.)

Et premierement, une grande croix d'argent doré, garnie, d'un costé, de pierreries de plusieurs sortes, dont il y a au millieu du croison un amatiste, garnie d'une teste sarrazeine. Et y a un petit croison au dessus du futz de la vraye croix. Et peut peser 23 mars, 6 onces. Et si y a faulte d'une fullotte au plommeau [1].

Item un baston de quatre piedz de long ou environ, garny d'argent à six quarrés et servant à ladite croix, ayant quatre pommeaulx d'argent doré, dont les deux sont garnis de pierre. Et y a faulte de trois pierres; et peut bien peser cinq mars ou environ.

Item une petite croix d'argent doré, ouvrage de Venise, à quatre piedz de lion, et sur la patte quatre emaulx au croison, en laquelle y a de la vraye croix, qui se ferme par un camayeu, et plusieurs pierres à l'entour; et pese quatre mars, trois onces.

Item un reliquaire quarré d'argent doré, auquel sont enchassez les corporaulx de sainct Pierre, dont l'entablement est tout rond, ayant plusieurs perles, pierres et emaulx, avec diverses reliques, un crystal à l'entour, et pese 18 mars ou environ [2].

Item le chef sainct Amand, d'argent doré, dont l'entablement est de cuivre doré ; les espaules d'icelluy chef garnies de feuillage, ouvrage de Venise et doublez ; et en la poictrine deux rampans en escusson ; et pese tant en argent qu'en cuivre, 22 mars et demy [3].

Item un bras d'argent, auquel est enchassé le bras sainct George, chevalier et martyr; les garnitures dorées, le champ blanc et les

---

1. D. Bouillart. Planche 18, F.
2. D. Bouillart. Planche 20, G.
3. Le vieil inventaire faict en l'an 1501 (lequel est au depos avec les aultres) dict qu'il peut peser 20 mars d'argent, ou environ. Mais il n'est credible qu'il n'y ait que deux mars de cuivre. (Note de Du Breul). D. Bouillart. Planche 20, I.

croix de gueules, et au poignet plusieurs perles fines ; et pese tant en argent comme en bois tout ensemble, 9 mars, une once et demie [1].

Item une image Notre-Dame en figure de l'Assomption, quatre anges à l'entour, et sainct Thomas au pied, le tout d'argent doré ; laquelle ha une couronne sur la teste, où sont plusieurs perles et rubis et une grosse perle [2] en la poictreine ; le soubassement tout emaillé, le soleil derriere avec l'entablement assis sur six petites tours, qui sont de cuivre ; à laquelle image a esté attaché un petit reliquaire d'argent doré en façon de verrine ; et pese ladite image tant en argent qu'en cuivre [3]...

Item un reliquaire d'argent doré, à la façon antique, lequel sert à porter le Corpus Domini le jour du Sacrement ; au milieu duquel y a un croissant de fin or à mettre l'hostie, qui se tire par une perle. A l'entour du rondeau sont plusieurs perles et pierres precieuses, et deux anges aux deux costez, assiz chacun sur une feuille, tenans une couronne, où sont plusieurs perles et pierres fines. A l'entour du rondeau sont les quatre evangelistes ; le tout d'argent doré, excepté ledit croissant de fin or ; et pese en tout neuf mars [4].

Item la jambe d'un Innocent, enchâssée en argent, les greves dorées avec plusieurs petites perles, et pese trois mars [5].

Item un petit reliquaire d'argent doré dont il y a un crystal à six quarrés, quatre pilliers, un petit clocher, et y a un feuillet perdu, et pese un mar, quatre onces ou environ.

Item un aultre petit reliquaire d'argent doré, à quatre piedz de liepard dont le crystal est rond, avec un sainct Martin rompu dessus, pesant avec le crystal un mar.

1. D. Bouillart. Planche 21, B.
2. Ladite perle fut perdue l'an 1551, et estoit secretain frere Jehan *de Puysiaco*. (Note du Du Breul).
3. Le poids manque dans les mss. Voy. D. Bouillart. Planche 21, A.
4. Nota que ce reliquaire fut faict en l'an 1518 ; et s'ayda on de la couverture d'argent d'un viel missel, qui est maintenant en la librairie, avec les livres escriptz à la main. L'argent duquel pesoit deux mars ou environ. Et estoit pour lors vicaire et prieur de ceans frere Michel de Neve, ainsi qu'il se trouve en escript au dernier feuillet dudit missel. Pour faire le susdit reliquaire, d'aultres pièces aussi y ont esté employées ; c'est assavoir un reliquaire d'argent doré sur quatre pilliers, auquel estoit la coste sainct Germain, garny de plusieurs pierres fines, un crucifix au bout, pesant tant en argent comme en crystal deux mars, six onces et demie. Semblablement deux petitz anges d'argent, tenans ledit reliquaire et pesans un mar et demy ou environ. Voyez les Inventaires des reliques de ceans faictz ès années 1501, 1507 et 1508. (Note de Du Breul).
5. D. Bouillart. Planche 20, B.

Item un aultre reliquaire, deux anges tenans un petit reliquaire, façon de verriere dont l'entablement est de cuivre, et peut peser l'argent dudit reliquaire un mar et demy.

Item un evangelier, escript en parchemin de veelin et couvert d'argent doré, dont il y a au pied du crucifix un reliquaire garni de crystal, où il y a de la vraye croix et garny de douze voirres en cantons ; de l'aultre costé un Dieu le pere, aussi garny de pierreries ; et peut avec les deux fermoirs peser dix mars d'argent.

Item un aultre evangelier escript en veelin, et enluminé en telle sorte, qu'à chacun evangile, il y a une image representant le narré dudit evangile et aux grandz festes, il y a des images plus grandes, comme aussi au commencement du livre ; couvert de velours rouge et garny de fermoirs, corniches et ovales au millieu, d'argent.

Item le chef de saincte Natalie, lequel depuis quelques années a esté de rechef enchassé en argent [1].

Item deux encensiers, deux navettes à mettre l'encens, deux cuilliers et deux chesnettes, le tout d'argent pese ensemble [2].....

Item un grand calice d'argent doré, garny de patene et cuillier, pesant [3].....

Item cinq calices d'argent doré, ouvrez et semez de fleurs de lis, garnis comme dessus, en ce comprins celuy du pere prieur.

Item trois calices d'argent à soleil doré avec leurs patenes et cuilliers ; et d'iceulx calices y en a un fort petit, qui sert à porter sur les champs, et se divise en trois pieces par vis, pour mettre en un estuy.

Item cinq aultres calices d'argent, sans ouvrage, garnis comme dessus.

Item deux grandes burettes d'argent doré, à piedz et biberons d'ouvrage martelée; et pesent ensemble... [4].

Item une paix de nacre de perles, en ovalle, enchassée en argent, laquelle estoit à frere Jehan de Poix et maintenant sert au grand aultel, quant le superieur faict l'office.

Item une mitre avec les deux fanons, garnie d'argent et pierres precieuses et toute semée de perles [5].

Item une aultre mitre de broderie.

1. D. Bouillart. Planche 20, K.
2. Le poids manque.
3. Le poids manque.
4. Le poids manque.
5. D. Bouillart. Planche 21, E.

Item deux anneaulx pontificaulx.

Item une petite croix d'argent doré, à pied rond, un crucifix au millieu, laquelle sert à l'hebdomadier, et pese... [1].

Item un petit cresmier d'argent à trois quarrés, auquel y a trois emaulx de deux evesques et un sainct Vincent, et au pied trois lions, et pese un mar, cinq onces, six gros.

Item une image de bois doré de saincte Marguerite, qui tient en ses mains le menton de ladite saincte, enchassé en crystal et argent doré.

Item un tuyau de cristal, garny, par les deux boutz, d'argent, dedans lequel est un des doigtz de Monsr sainct Pierre l'apostre [2].

Item un aultre tuyau de cristal, dedans lequel est du laict de de Nostre-Dame.

Item un petit reliquaire quarré d'argent doré, auquel sont plusieurs reliques.

Item un aultre petit reliquaire d'argent, en façon d'ovalle, où est un crystal, dedans lequel est escript : *de sepulcro Domini*.

Item deux soubassements, de cuivre doré, des images de sainct Vincent et sainct Germain, ausquelz sont aulcunes petites reliques [3].

Item la mentibule de saint Vincent toute nue.

Item le bras sainct Thuriave, enchassé en bois doré et porté par une image d'ange, de mesme estoffe.

Item la chasuble de sainct Thomas, archevesque de Canthorbie.

Item un missel imprimé couvert de velours pers duquel les corniches, le millieu et les fermoirs sont d'argent.

Item une crosse d'argent [4].

[5] Au lieu de l'image d'argent de saincte Marguerite, pesant dix marcs, deux onces et deux gros, qui avoit esté vendue le 19 juin 1563, la royne de France, Marie de Medicis, florentine, femme du roy Henry IV, en a faict faire une aultre d'argent doré en partie, pesant avec son soubzbassement et pied, 37 marcs, quatre onces et demye, qui a cousté cinq centz escus; et fut achevée le 10 janvier 1608 [6].

1. Le poids manque.
2. D. Bouillart. Planche 20, F.
3. Nota que l'un desdits soubassements a esté applicqué à l'image de bois doré de Madame saincte Marguerite. (Note de Du Breul).
4. D. Bouillart. Planche 21, F. ?
5. Ce qui suit se trouve dans les mss. 12837, f° 327, et 12840, f° 182.
6. D. Bouillart. Planche 19, L.

Le benoistier d'argent poise huit marcs, demie once moins, à dix escuz le marc mis en œuvre, monte à 238 livres; et fut perfaict le 29 avril 1608.

XIV

Charges que l'abbaye devait acquitter le jour de Saint-Vincent.
(F° 229, v° du ms.)

Ex quodam libro archivi nostri in membranis scripto et corio albo cooperto, notatoque deforis A 1, folio 1 :

In festivitate beati Vincentii habet præpositus regis de Parisius, in ecclesia beati Germani, de consuetudine, unum modium vini, et duos solidos parisienses, et duodecim panes calidatos. Quando vero servientes ejus venient, temptabunt (id est, gustabunt) primo de vino quod bibit conventus, et postea de duabus aliis tonnis ; et de quo maluerint accipient. Si vero comedere voluerint, dabitur eis unus panis calidatus, et una assatura carnis porcinæ, de lumbis videlicet porci, et nihil aliud amplius, etiamsi fuerit feria sexta ; stando autem comedent in cellario. Et carpentarius cellarii scindet eis assaturam ; et custos hospitii tenebit eis scutellam cum sale. Bibent vero, si voluerint, de vino præpositi, quia de alio nihil eis dabitur.

In nostra bibliotheca sunt epistolæ Yvonis Carnotensis in membranis manu scriptæ, in quarum folio primo sequentia habentur, cum pari orthographia [1] :

Le jor de la feste saint Vincent a li provoz de Paris e li paagiers à Saint-Germain-des-Prez un mui de vin; e doivent essoier tot avant le vin du covent; e puis apres des deus toniaus pres apres sanz tressallir. E unt XII eschaudez, et un por essoier le vin ; e un haste, à quelque jor que la feste soit, nois s'el estoit à venredi. E si unt II sols. Et por ceste rente sun cuite tot li serjant Saint-Germain, o que il soient, ne à granche ne alleurs de lor tonlieu, et de lor paage, e de quanque est à lor usaire, et de lor norreture, e du blé e du vin de lor terre et de tot, fors de marcheandise.

[1]. Cette note se trouve au folio 2, verso, d'un manuscrit d'Yves de Chartres, qui porte le numéro 13056, du fonds latin (Olim S‍t Germ. lat. 464). Bibliothèque impériale.

XV

(F° 229, v° du même ms.)

Estat de la distribution qui se faict à Sainct-Germain-des-Prez, le jour Sainct-Vincent, ainsi qu'il est contenu aux lettres des sergens de la douzaine du Chastelet de Paris et barragers de lad. ville. Et a esté ce memoire dressé par Monsieur du Four, prebstre et concierge du logis abbatial, lequel par plusieurs années soubz Messeigneurs les Cardinaulx de Tournon et de Bourbon, abbez dud. Sainct-Germain a faict lad. distribution.

Aux sergens de la douzaine du Chastelet de Paris, huict sextiers de vin, contenant 64 pintes.

Plus, ausd. sergens, en argent, seize d. t.

Aux barragers, huict sextiers de vin, vallans 64 pintes.

Plus, ausd. barragers, en argent, seize d. t.

Plus, douze gasteaulx à cinq s. la piece pour distribuer ausd. sergens de la douzaine, barragers et sergens de Saint-Germain-des-Prez.

Item un aultre grand gasteau pour Messrs de la Justice.

Pour une eschinée d'un pourceau masle, où la teste y soit, qui est pour l'executeur de la haulte justice de Paris et aussi le membre dud. pourceau.

Aux sergens de Sainct-Germain-des-Prez, douze pains et douze pintes de vin.

Plus, aux susd. en argent, cinq s.

A l'executeur de la haulte justice de Paris, quatre pains et quatre pintes de vin.

A Monsr le Curé de Sainct-Sulpice, cinq s. t.

Plus, fault donner à disner à tous Messrs de la justice Sainct-Germain, qui sont ordinairement dix ou douze.

Nogent-le-Rotrou, imprimerie de A. Gouverneur.

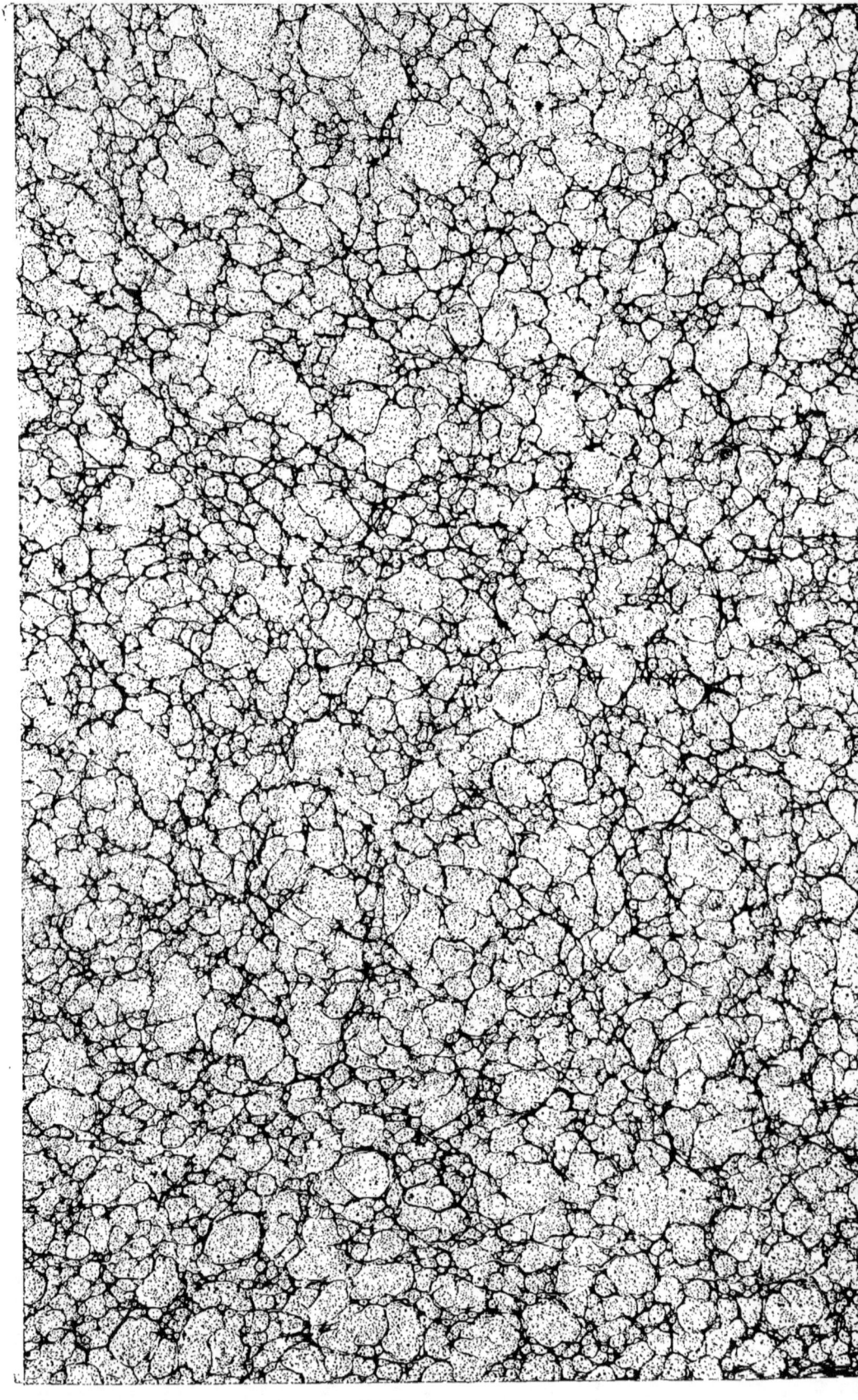

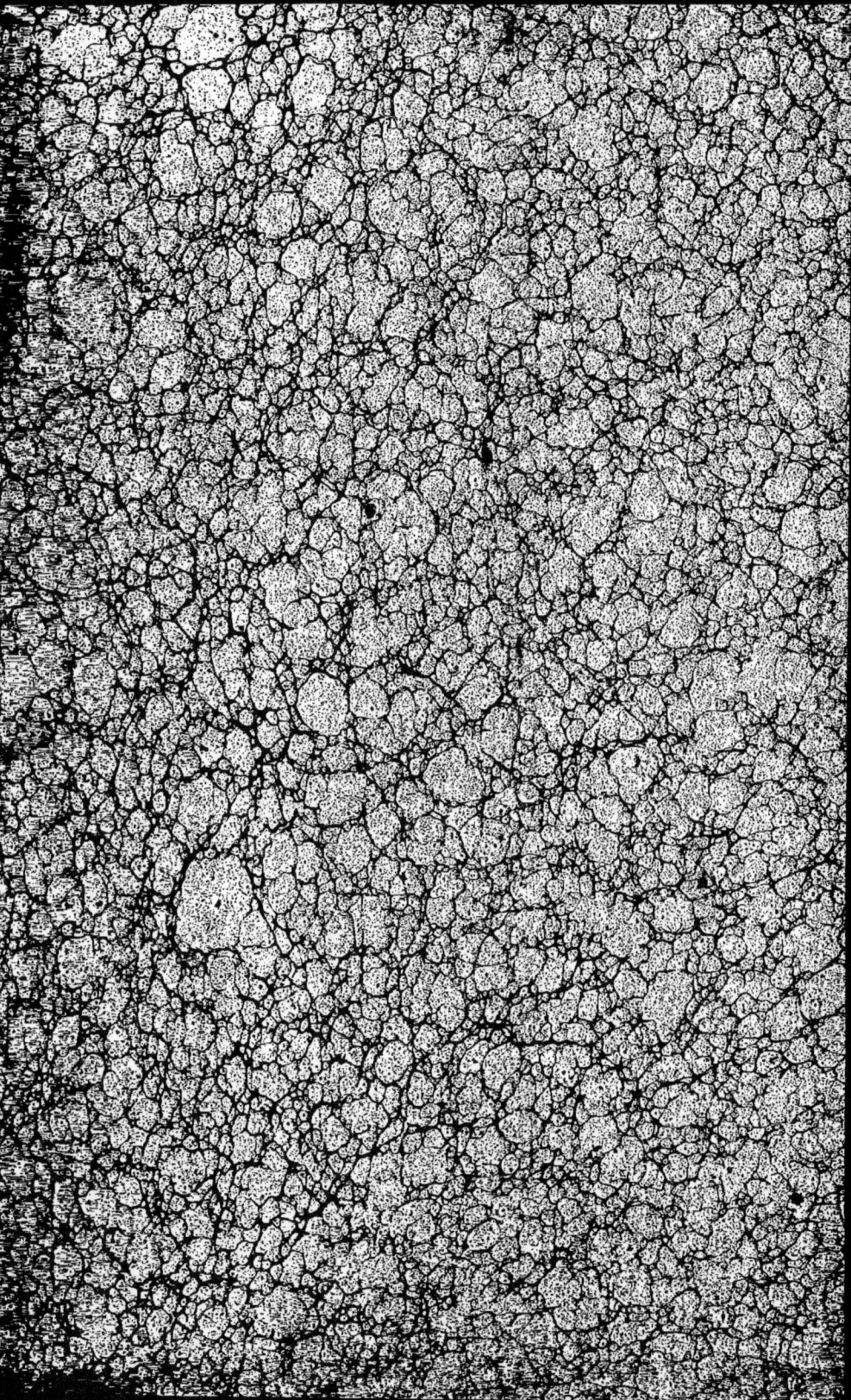

www.ingramcontent.com/pod-product-compliance
Lightning Source LLC
LaVergne TN
LVHW021723080426
835510LV00010B/1107